Andreas G. Harm

55 Methoden Chemie

einfach, kreativ, motivierend

Quellenverzeichnis:

S. 55: Symbol „Entzündlich“:
https://commons.wikimedia.org/wiki/File%3AGHS-pictogram-flamme.svg
© Unknown [Public domain], via Wikimedia Commons

S. 55: Symbol „Ätzend“:
https://commons.wikimedia.org/wiki/File%3AGHS-pictogram-acid.svg
© Unknown [Public domain], via Wikimedia Commons

Gedruckt auf umweltbewusst gefertigtem, chlorfrei gebleichtem und alterungsbeständigem Papier.

3. Auflage 2021

Illustrationen: Steffi Aufmuth, Corina Beurenmeister, Carmen Hochmann, Steffen Jähde, Stefan Lohr, Thorsten Trantow
Satz: Fotosatz H. Buck, Kumhausen
Druck und Bindung: Kessler Druck + Medien GmbH, Bobingen
ISBN 978-3-403-**07636**-0

www.auer-verlag.de

Einleitung – Methoden

Verblüffende Phänomene, experimentelle Techniken und Aktion – Reaktion sind nur einige beispielhafte Merkmale, die Chemieunterricht durchaus treffend beschreiben können. Jeder von Ihnen hat sich schon einmal Gedanken darüber gemacht, inwiefern die unterschiedlichen Themen effektiv, kurzweilig und schülerfreundlich behandelt und angesprochen werden können. Eine Reihe von Methoden bietet hierbei Hilfestellung und Abwechslung zugleich.

Doch Unterrichtsmethoden sind nicht nur einfach Mittel zum Zweck, nicht nur bloße Wege, um fachlichen Inhalt zu vermitteln. Vielmehr fördern sie in ihrer Komplexität und mit einem oft kooperativen Ansatz auch die wesentlichen Kompetenzen von sozialer Interaktion, Erkenntnisgewinn, Kommunikation und Bewertung von Zusammenhängen. Die in diesem Band vorgestellten Methoden sollen Ihnen im Schulalltag ermöglichen, systematisch vorgehen zu können und die Kompetenzen Ihrer Schüler[1] allumfassend weiterzuentwickeln.

Manch eine davon wird Ihnen bereits bekannt sein. Es gibt aber auch Methoden, die Ihr Repertoire erweitern. Beim Ausprobieren und Durchführen werden Sie feststellen, wie bereichernd der Einsatz im Unterricht für Schüler und auch Lehrer sein kann. Nicht zuletzt helfen diese, den Zugang zur Chemie zu erleichtern und das Verständnis – auch für etwas abstraktere Dinge – zu entwickeln und zu fördern.

Auswahl und Anwendung der Methoden

Die 55 Methoden für den Chemieunterricht sind erprobt, haben sich bewährt und besitzen zum Teil innovativen Charakter. Sie finden in diesem Band sowohl einfache, schnell umsetzbare als auch komplexere Unterrichtsmethoden. Sie können in den unterschiedlichsten Unterrichtsphasen zum Einsatz kommen – vom Einstieg über die Erarbeitung bis hin zur Sicherung und Präsentation. Außerdem gibt es Methoden, anhand derer Modelle erklärt und Dinge veranschaulicht werden können, die spielerischen Charakter besitzen oder einfach nur zur Wiederholung dienen. Damit Sie den möglichen Einsatz der Methode schnell erfassen, finden Sie auf den Seiten 6–9 eine Übersicht und darin integriert eine Zuordnung zu einzelnen oder mehreren Unterrichtsphasen.

Folgende Hinweise können Ihnen bei der Umsetzung der Methoden helfen:

- Lassen Sie sich bei der Einführung neuer Methoden genug Zeit zur Erläuterung – die dafür investierte Zeit lohnt sich.
- Führen Sie nie zu viele Methoden in zeitlich kurzen Abständen nacheinander ein. Üben bzw. trainieren Sie die eingeführten Methoden in verschiedenartigen Kontexten.
- Evaluieren Sie das Angewandte – auch mit den Schülern. So erkennen Sie wirklich die Vorzüge der Methoden. Im Zentrum steht nicht das methodische

1 Aufgrund der besseren Lesbarkeit ist in diesem Buch mit Schüler auch immer Schülerin gemeint, ebenso verhält es sich mit Lehrer und Lehrerin etc.

„Schauspiel", sondern der Lernnutzen für die Schüler. Dabei ist es durchaus auch möglich, dass verschiedene Lerngruppen unterschiedlich auf die Umsetzung reagieren.

Aufbau der Handreichung

Die 55 Methoden sind alle nach dem gleichen Schema aufgebaut und mit unterstützenden Icons versehen, damit Ihnen eine schnelle und effektive Übersicht gelingt.

Folgende Icons werden zur besseren Orientierung verwendet:

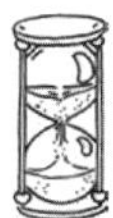

Zeitbedarf (variiert je nach Klassensituation, Material und Thematik)

Schwierigkeitsgrad der Methode für die Schüler (1 Stern bedeutet einfach, 3 Sterne beziehen sich auf eine komplexere Methode)

Zielsetzung der Methode

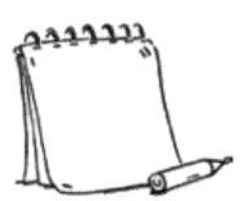

Benötigte Materialien

Eine kurze Vorstellung und Erklärung der Methode finden Sie in der **Kurzbeschreibung**.

In der **Durchführung** wird schrittweise erklärt, wie Sie die Methode umsetzen können.

Die **Aufgabenbeispiele** geben Ihnen eine Vorstellung, in welchen beispielhaften Kontexten ein Einsatz möglich ist, und veranschaulichen ebenso die Umsetzung.

Die 55 Methoden Chemie sind das Ergebnis eines geplanten und durchgeführten Unterrichts. Die Erfahrungen, die dabei gemacht wurden, geben eine Grundlage für praktische **weitere Hinweise**, die Sie am Ende der jeweiligen Methodenseiten in Form von Unterrichtstipps, Literaturhinweisen oder Internetlinks finden.

Machen Sie Ihre Erfahrungen und erweitern Sie Ihren Methodenschatz, ohne dabei zu vergessen, dass sie Wege zur Förderung der Schüler sind. Keine Methode gibt jedoch Garantie für Erfolg, eine Methodenvielfalt aber Garantie für einen bereichernden Unterricht!

In diesem Sinne frohes Unterrichten!

Andreas G. Harm

Übersicht Methoden

Der hauptsächliche Anwendungsbereich ist grau hinterlegt.

Methode	Einstieg	Erarbeitung	Sicherung/ Präsentation	Wiederholung	Modelle	Spiele	Sonstiges
1 Chemiebuch-Rallye (*) **Ziel:** zielgerichteter und selbstständiger Umgang mit dem Lehrbuch **Zeit:** mind. 30 Min.	x	x				x	
2 Erklärvideos (**) **Ziel:** Schülerpräsentation von Lernergebnissen **Zeit:** mind. 30 Min.			x				
3 Amerikanische Debatte (***) **Ziel:** Einsatz von erarbeitetem Wissen in einer Pro- und Contra-Diskussion **Zeit:** mind. 15 Min.			x				
4 Brainstorming (*) **Ziel:** Gedankenaustausch zur Aktivierung von Vorwissen und zur kreativen Ideenfindung **Zeit:** mind. 5 Min.	x	x					
5 Kugellager (**) **Ziel:** freie Äußerung zu einem Thema gegenüber verschiedenen Partnern **Zeit:** mind. 10 Min.	x	x	x				
6 Lerntempoduett (**) **Ziel:** Lernen im individuellen Tempo **Zeit:** mind. 30 Min.		x					
7 Partnerpuzzle (**) **Ziel:** Vermittlung von Kenntnissen in Partnerarbeit **Zeit:** mind. 25 Min.		x					
8 Stille Post (*) **Ziel:** Verstehen und korrektes Weitergeben von Begriffen und Regeln **Zeit:** mind. 5 Min.						x	
9 Strukturlegetechnik (**) **Ziel:** Lernstoff wiedererkennen, strukturieren und erklären können **Zeit:** mind. 30 Min.			x	x			
10 WebQuest (**) **Ziel:** Informationssammlung mithilfe des Internets **Zeit:** mind. 30 Min.		x					
11 Zahlenmethode (*) **Ziel:** gezieltes zahlenbezogenes Detailverständnis von Texten **Zeit:** mind. 10 Min.		x					
12 Partnerinterview (**) **Ziel:** gezieltes Fragen und aktives Zuhören zum Informationsaustausch **Zeit:** mind. 30 Min.		x	x				
13 Egg-Race (***) **Ziel:** kreative Lösung einer gestellten Aufgabe **Zeit:** mind. 40 Min.		x				x	
14 Chemiebox (**) **Ziel:** experimentelle Lösung einer problemorientierten Aufgabe **Zeit:** mind. 40 Min.		x					

Übersicht Methoden

Methode	Einstieg	Erarbeitung	Sicherung/Präsentation	Wiederholung	Modelle	Spiele	Sonstiges
15 Kugel-Stab-Modellbau (**) **Ziel:** Molekülbildung und -aufbau begreifbar machen **Zeit:** mind. 15 Min.					x		
16 Baustein-Modellbau (**) **Ziel:** Wertigkeit, Formel- und Molekülbildung begreifbar machen **Zeit:** mind. 15 Min.					x		
17 Leitprogramme (**) **Ziel:** selbstständige Erarbeitung eines Themas anhand von Leitfragen **Zeit:** mind. 20 Min.		x					
18 Demonstrationsexperiment (**) **Ziel:** lernwirksame Demonstration eines Experimentes **Zeit:** mind. 10 Min.		x					
19 Bandolo (*) **Ziel:** Selbst- oder Partnerkontrolle von erworbenem Wissen **Zeit:** mind. 5 Min.				x		x	
20 Galeriegang (**) **Ziel:** parallele Präsentation und Erkundung mehrerer Unterrichtsergebnisse **Zeit:** mind. 30 Min.			x				
21 Karteikarten (*) **Ziel:** selbstständiges, systematisches Lernen und Wiederholen **Zeit:** mind. 10 Min.				x			
22 Filmleiste (**) **Ziel:** Umsetzung von Beobachtungen und Vorstellungen in Filmsequenzen **Zeit:** mind. 20 Min.		x	x				
23 Szenischer Molekülbau (**) **Ziel:** aktive Bewusstmachung, wie Moleküle sich bilden **Zeit:** mind. 10 Min.		x	x		x	x	
24 Lernplakat (*) **Ziel:** übersichtliche, individuelle Darstellung eines Lerninhaltes **Zeit:** mind. 30 Min.		x	x				
25 Portfolio (**) **Ziel:** Erstellen einer persönlichen Lern- und Diagnosemappe **Zeit:** stundenübergreifend							x
26 Anchored-Instruction (**) **Ziel:** Problemlösung im Kontext einer Erzählung/eines Films **Zeit:** mind. 20 Min.		x					
27 Außerschulische Kooperation (**) **Ziel:** aktive Wahrnehmung der Chemie in der Umgebung **Zeit:** stundenübergreifend							x

Der hauptsächliche Anwendungsbereich ist grau hinterlegt.

Methode	Einstieg	Erarbeitung	Sicherung/ Präsentation	Wiederholung	Modelle	Spiele	Sonstiges
28 Gruppenturnier (***) **Ziel:** Festigung von Lerninhalten mit Wettbewerbscharakter **Zeit:** mind. 30 Min.				x			
29 Rollenspiel (***) **Ziel:** Förderung von sozialer Handlungskompetenz auf fachlicher Basis **Zeit:** mind. 40 Min.		x	x			x	
30 Konstruktives Wissensspiel (**) **Ziel:** Entwicklung und spielerische Abfrage von zusammenhängendem Wissen **Zeit:** mind. 20 Min.				x		x	
31 Placemat (*) **Ziel:** Stärkung der Planungskompetenz im Team **Zeit:** mind. 10 Min.	x	x					
32 Kartografieren (**) **Ziel:** Rekonstruktion von Arbeitswegen und Lebensräumen und deren Relevanz **Zeit:** mind. 15 Min.	x	x	x				
33 Lernstraße (**) **Ziel:** schrittweise, aufeinander aufbauendes Lernen **Zeit:** stundenübergreifend		x					
34 Forschend-entwickelnder Unterricht (***) **Ziel:** forschendes und reflektierendes Lernen **Zeit:** mind. 30 Min.		x					
35 Wandzeitung (**) **Ziel:** zusammenfassende Präsentation von Lernergebnissen **Zeit:** mind. 30 Min.			x				
36 Podcast (**) **Ziel:** selektive audiovisuelle Informationsbeschaffung **Zeit:** mind. 20 Min.		x					
37 Selbstlernen am Computer (**) **Ziel:** selbstständige Erarbeitung interaktiver Online-/Offline-Einheiten **Zeit:** mind. 30 Min.		x					
38 Interview (**) **Ziel:** selektive audiovisuelle Informationsbeschaffung **Zeit:** mind. 30 Min.		x					
39 Projektmethode (***) **Ziel:** interaktive und selbstständige Erarbeitung von Inhalten **Zeit:** stundenübergreifend		x					
40 Werkstattunterricht (***) **Ziel:** differenziertes, schülerorientiertes Lernen an Stationen **Zeit:** stundenübergreifend		x					

Übersicht Methoden

Methode	Einstieg	Erarbeitung	Sicherung / Präsentation	Wiederholung	Modelle	Spiele	Sonstiges
41 Bewegungs-/Brett-/Karten- und Wettkampfspiele (**) **Ziel:** motivational gefördertes Wiederholen und Lernen im sozialen Miteinander **Zeit:** mind. 20 Min.						x	
42 Folienkonstruktion (**) **Ziel:** einfache Planung von Versuchsaufbauten **Zeit:** mind. 5 Min.		x	x				
43 Chemieshow (***) **Ziel:** Begeisterung für die Phänomene der Chemie **Zeit:** mind. 40 Min.	x						
44 Laborpass (**) **Ziel:** sicherer Umgang mit Laborgeräten **Zeit:** mind. 30 Min.		x					x
45 Klammerkarten (*) **Ziel:** gegenseitige Überprüfung von Erlerntem **Zeit:** mind. 5 Min.				x			
46 Spickzettel (**) **Ziel:** konzentrierte Texterschließung **Zeit:** mind. 20 Min.		x					
47 Bildergeschichten und Comics (**) **Ziel:** anschauliche Inszenierung von Fachinhalten **Zeit:** mind. 30 Min.		x	x				
48 Concept Cartoons (*) **Ziel:** Diagnose und Versprachlichung von Schülervorstellungen **Zeit:** mind. 10 Min.		x	x		x		
49 Küchenchemie (*) **Ziel:** Realisierung von chemischen Prozessen in der Küche **Zeit:** mind. 30 Min.		x			x		
50 Würfelmethode (*) **Ziel:** Schulung der Vortragskompetenz **Zeit:** mind. 5 Min.			x				
51 Rätsel (*) **Ziel:** Lösen von spannenden Rätselaufgaben **Zeit:** mind. 5 Min.						x	
52 Protokollieren (*) **Ziel:** wissenschaftliche Dokumentation von Experimenten **Zeit:** mind. 20 Min.		x	x				
53 Experimentieren mit der Spritzentechnik (**) **Ziel:** Durchführung von Experimenten mit medizintechnischem Gerät **Zeit:** mind. 10 Min.		x					
54 Selbsteinschätzung (*) **Ziel:** differenzierte Wahrnehmung von Leistung **Zeit:** mind. 5 Min.							x
55 Steckbrief (*) **Ziel:** übersichtliche Informationsdarstellung **Zeit:** mind. 15 Min.		x	x				

mind. 30 Min.

zielgerichteter und selbstständiger Umgang mit dem Lehrbuch

Lehrbuch, Arbeitsblatt mit Rechercheaufträgen

Kurzbeschreibung der Methode:

Bei der Lehrbuchrallye erhalten die Schüler anhand von Rechercheaufgaben einen ersten Überblick und trainieren zudem den selbstständigen Umgang mit dem Buch.

Durchführung:

- Jeder Schüler erhält zu seinem Lehrbuch ein Arbeitsblatt mit Rechercheaufgaben.
- In Einzel- oder Partnerarbeit werden die Aufgaben schriftlich beantwortet.
- Die Antworten werden im Plenum oder anhand vorgegebener Lösungsblätter verglichen.
- Im Anschluss daran schreibt jeder Schüler für einen Partner drei selbst erdachte Rechercheaufgaben auf.
- Die selbst erdachten Rechercheaufgaben werden ausgetauscht und nach Beantwortung mit dem Partner besprochen.

Aufgabenbeispiele:

- Notiere aus dem Inhaltsverzeichnis die Hauptthemen des Lehrbuches.
- Finde die Seiten, wo du Fachbegriffe nachschlagen kannst.
- Notiere dir die Erklärung eines Fachbegriffes (z. B. exotherm).
- Fasse zusammen, worum es auf den unterschiedlichen Seiten (z. B. Praktikum, Exkurs, Methode, Teste dich) geht.
- Wähle eine Methodenseite aus, die für dich hilfreich ist, und begründe deine Wahl.
- Auf welchen Seiten findest du die Liste der Gefahrstoffe?
- Notiere die Seitenzahlen a) der GHS-Codes und b) der Entsorgungsmöglichkeiten.
- Wo schlägst du nach, um Größen und Maßeinheiten zu finden?
- Notiere das Formelzeichen und die Einheiten für die Dichte.

Schülerpräsentation von Lernergebnissen

weißes und buntes Papier, Stifte, Schere, Kamera (z. B. Handy, Tablet), Beamer

Kurzbeschreibung der Methode:

Die Schüler benutzen gegebenes Material wie Stifte und Papier und entwerfen daraus Anschauungsmaterial, um schließlich den gelernten Stoff in einem kurzen Erklärvideo darzustellen. Bewusst gewollt ist dabei, dass man die Hände in Aktion sieht.

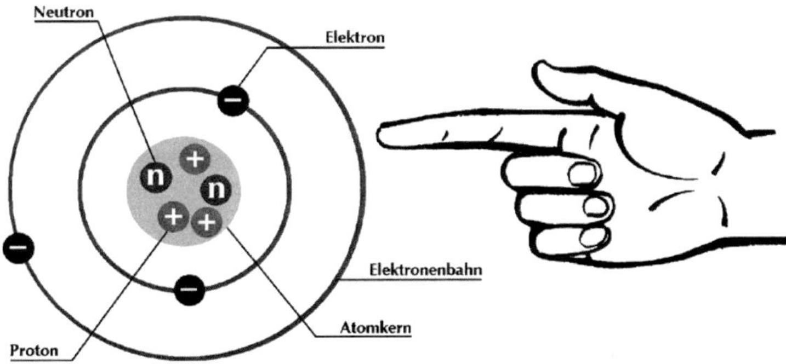

Durchführung:

- Die (arbeitsgleichen / arbeitsteiligen) Kleingruppen erhalten Arbeitsaufträge und notwendiges Material und erstellen damit ihr Anschauungsmaterial.
- Die Schüler üben nun die Erklärung ihres Sachverhaltes.
- Mithilfe einer Kamera wird die Erklärung gefilmt.
- Die Gruppen stellen ihre Videos vor.

Aufgabenbeispiele:

- Zeigt euren Mitschülern, wie eine chemische Reaktion verläuft.
- Stellt dar, wie aus Atomen Ionen werden.
- Erklärt, wie ein Neutralisationsvorgang verläuft.

Weitere Hinweise:

- Zeigen Sie den Schülern ein Beispiel (siehe auch http://explainity.com/).
- Verschiedene Räumlichkeiten ermöglichen den einzelnen Gruppen ein ungestörtes Aufnehmen der Videos.
- Bei der Ergebnispräsentation kann die vorstellende Gruppe Arbeitsaufträge an die Zuhörergruppe vergeben (z. B. eine Leitfrage, die durch das Ansehen des Filmes beantwortet werden kann und soll).

Einsatz von erarbeitetem Wissen in einer Pro- und Contra-Diskussion

Arbeitspapiere (erarbeitetes Wissen), Schreibmaterial für die Vorbereitungsphase (Argumentationsfindung) in den Gruppen

Kurzbeschreibung der Methode:

Eine amerikanische Debatte ist eine vom Lehrer angeleitete und geführte Diskussion. Der Fokus liegt dabei auf kontrollierten Dialogen, die jedem eine aktive Teilnahme ermöglichen.

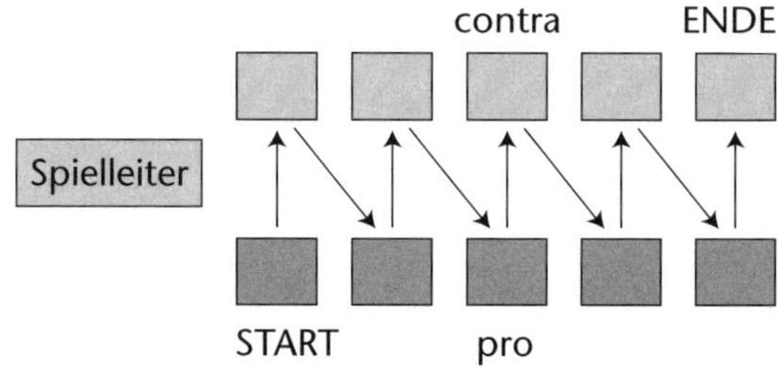

Durchführung:

- Das Thema wird vereinbart und die Klasse in zwei Gruppen eingeteilt (pro und contra). Bei großen Gruppen in zwei mal zwei Gruppen.
- Jeder Teilnehmer muss während einer festgelegten Arbeitszeit (nicht länger als eine Minute) Argumente für seine Position sammeln.
- Die Gruppen treffen sich dann im Plenum und setzen sich gegenüber (s. Grafik).
- Unter Anleitung des Diskussionsführers tragen alle Teilnehmer (die Gruppen wechseln sich ab) ihre Position vor.
- Nach diesem Austausch kann in einer zweiten Runde bei jedem vorgetragenen Argument die Gegengruppe direkt darauf eingehen und versuchen, es zu entkräften.

Aufgabenbeispiele:

- Mülltrennung – nicht notwendig?
- Bioethanol – Pro- und Contra
- Kohle und Erdöl – unersetzliche Energieträger?

Weitere Hinweise:

- Eine zusätzliche kleine Beobachtergruppe kann die Diskussionsergebnisse evaluieren und den Teilnehmern Feedback geben.
- Eine große Uhr bzw. ein Timer helfen bei der Zeitkontrolle.

mind.
5 Min.

Gedankenaustausch zur Aktivierung von Vorwissen und zur kreativen Ideenfindung

evtl. Tafel, OHP, Folien, Plakate

Kurzbeschreibung der Methode:

Die Schüler äußern sich je nach Variation mündlich oder schriftlich zu einem Thema bzw. zu einem Impuls. Vorgebracht werden können eigene Ideen sowie Gedanken und Assoziationen, die durch Mitschüler angeregt wurden.

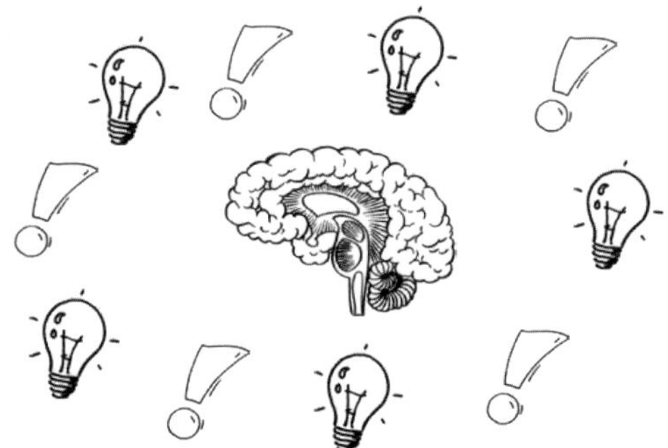

Durchführung:

- Die Schüler erhalten einen Impuls in Form eines Begriffes, eines Experimentes, eines Bildes, eines Realgegenstandes, einer Problemstellung etc.
- Die Schüler äußern ihre Gedanken mündlich (z. B. in einer Meldekette) oder schreiben sie auf.

Aufgabenbeispiele:

- Begriffe: Stoffgemische, Wasser, Kunststoffe
- Experimente: Verbrennung, Lösungen, Leitfähigkeit
- Problemstellungen zu den Themen Wasserreinigung, Energiesparen, Metallgewinnung

Variationen:

- Die Ideen werden an die Tafel, auf Folie oder Plakate notiert und in einem weiteren Schritt geordnet.
- In der Klasse werden vier bis sechs große Blätter mit den Anfangsimpulsen verteilt. Zu jedem Blatt findet sich eine Schülergruppe zusammen. Nachdem die Schüler ihre Gedanken aufgeschrieben haben, wandern sie im Uhrzeigersinn zum nächsten Blatt weiter. Jeder Schüler muss etwas auf alle Blätter geschrieben haben.

mind.
10 Min.

freie Äußerung zu einem Thema gegenüber verschiedenen Partnern

innerer und äußerer Stuhlkreis, Schreibmaterial

Kurzbeschreibung der Methode:

Ein Kugellager ist ein zeitlich begrenzter und mündlicher Austausch von Informationen zu einem vorgegebenen Thema. Dabei sitzen oder stehen sich die Schüler in einem Innen- und einem Außenkreis gegenüber und die Gesprächskreise setzen sich entgegengesetzt fort.

Durchführung:

- Zu einem Oberthema (z. B. bedeutende Chemiker) bereitet jeder Schüler ein eigenes Thema vor (z. B. Amedeo Avogadro, Niels Bohr, John Dalton).
- Die Klasse wird in zwei Gruppen eingeteilt (s. Grafik). In einer vorgegebenen Zeit stellen dann zuerst die Schüler des Innen- oder des Außenkreises ihre Themen dem jeweiligen Gegenüber vor, wobei die Zuhörer dazu angehalten sind, sich entsprechende Notizen zu machen.
- Durch Rotation eines Kreises wechseln die Schüler ihren Partner.
- Die Formation wird aufgelöst, wenn die Ausgangsposition erreicht ist.

Aufgabenbeispiele:

- Experimente planen, entwickeln oder vorstellen
- Biografien von Chemikern
- Eigenschaften von Metallen und Nichtmetallen, Elementen in Gruppen und Perioden (PSE)

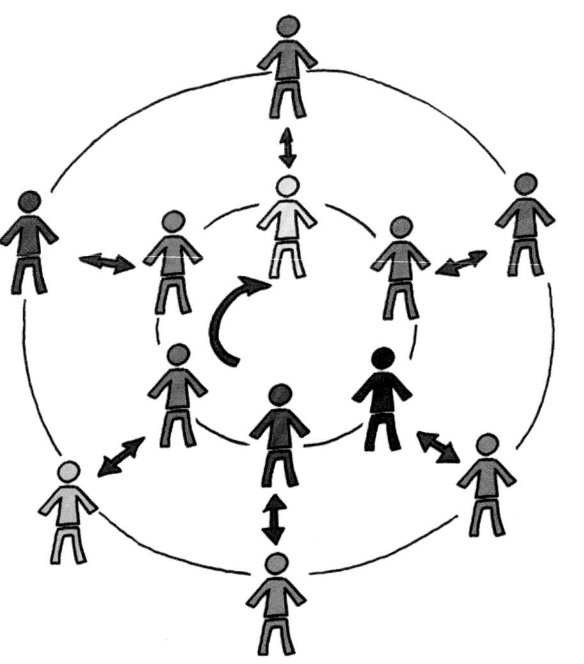

Weitere Hinweise:

- Bei großen Klassen oder arbeitsteiligen Themen bietet es sich an, zwei Kugellager zu bilden.
- Akustische Signale (z. B. Pfeife) können dabei helfen, die Gesprächszeit zu regulieren.

Lernen im individuellen Tempo

Tische für Einzel- und Partnerarbeit, Aufgabensammlung

Kurzbeschreibung der Methode:

Das Lerntempoduett ist eine Mischung aus Einzel- und Partnerarbeit. So eignen sich die Schüler in der ersten Arbeitsphase selbst Wissen an, das sie dann in einem weiteren Schritt mit einem Partner in der zweiten Arbeitsphase austauschen und überprüfen.

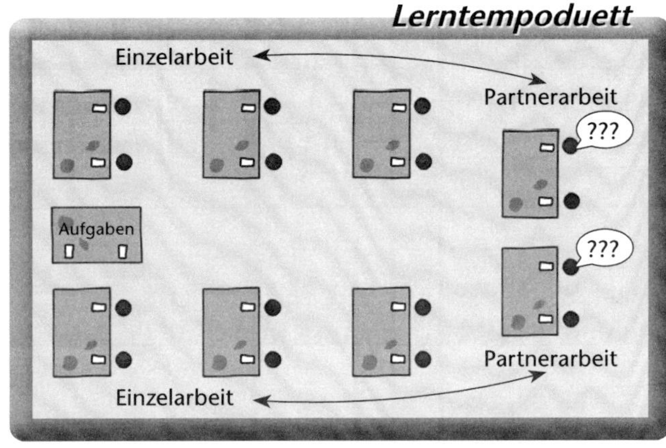

Durchführung:

- Im Raum sitzt jeder Schüler an seinem Platz. Zusätzlich gibt es Partnertische sowie einen Aufgabentisch.
- Die Schüler erhalten dieselbe Aufgabe, die sie in Einzelarbeit schriftlich bearbeiten.
- Hat ein Schüler seine Aufgabe erledigt, geht er zu einem Partnertisch, um auf den Schüler zu warten, der als Nächstes fertig wird. Die Schüler vergleichen und besprechen ihre Aufgaben.
- Anschließend holen sich die Schüler am Aufgabentisch eine neue Aufgabe usw.

Aufgabenbeispiele:

- Aufgabe 1: Textarbeit – Beschreibung von Stoffgemischen (z. B. Lebensmittel)
- Aufgabe 2: Einzelne oder verschiedene Trennungsmethoden beschreiben
- Aufgabe 3: Wie wird ein vorgegebenes Stoffgemisch getrennt?

Weitere Hinweise:

- Drucken Sie gleiche Aufgaben jeweils auf gleichfarbiges Papier.
- Weisen Sie darauf hin, dass nach der Partnerbesprechung jeweils der nächste freie Platz gewählt werden sollte.
- Zur Differenzierung können die Einzelaufgaben mit gestuften Lernhilfen angeboten werden.
- Besprechen Sie die Aufgaben abschließend im Plenum oder legen Sie Lösungen in Kuverts an den Partnertischen bereit.

7. Partnerpuzzle

mind. 25 Min. 

Vermittlung von Kenntnissen in Partnerarbeit

zwei verschiedene Texte und Aufgaben, Textmarker, Karteikarten

Kurzbeschreibung der Methode:

Beim Partnerpuzzle sind zwei Personen beteiligt, die ihr Wissen zunächst einzeln erarbeiten, um es sich dann gegenseitig vorzustellen. Die gemeinsame Umsetzung des entstandenen Bildes in ein Produkt (z. B. Poster) oder in eine Aktivität (z. B. Experiment) führt zu einer hohen Motivation beim kooperativen Arbeiten.

Durchführung:

- Der Lehrer teilt vorab das Thema in zwei sich ergänzende Inhalte A und B auf.
- Jeder Schüler übernimmt einen Teilbereich (A oder B) und bearbeitet ihn in Einzelarbeit. Die wichtigsten Informationen hält er in Form von Schlüsselwörtern auf einer Karteikarte fest.
- In Partnerarbeit tauschen sich die Schüler über die Inhalte A und B aus. Offene Fragen werden gemeinsam geklärt.
- Die Partner entwerfen gemeinsam eine Zusammenfassung des Themas.

Aufgabenbeispiel:

Aufgabe A: Beschreibung eines Experimentes in einem Fließtext (z. B. Redoxreaktionen am Beispiel der Reduktion von Kupferoxid durch Kohle)	Aufgabe B: Bild und Stichwörter zu einem Experiment

↓ ↓

Partnerpuzzle: gegenseitiges Beschreiben des Experimentes 

↓

Partneraufgabe: Durchführung des Experimentes

Weitere Hinweise:

- Machen Sie eine Zeitvorgabe.
- Differenzierung: Halten Sie für schnellere Schüler Zusatzaufgaben bzw. Exkurse zu einem Thema bereit.
- Zur Überprüfung können die Partner noch weitere Fragen zu ihrem Thema bearbeiten oder eine Zusatzaufgabe erledigen (z. B. Mind-Map oder Plakat erstellen).
- Alternativ können auch Dreiergruppen (Triadenpuzzle) gebildet werden.

8. Stille Post

mind.
5 Min.

Verstehen und korrektes Weitergeben von Begriffen und Regeln

Kärtchen mit Begriffen oder Regeln

Kurzbeschreibung der Methode:

Bei der Methode „Stille Post" werden Begriffe ins Ohr flüsternd von einem Schüler zum anderen weitergegeben. Oftmals kommt dann am Ende ein überraschender „Begriff" heraus.

Durchführung:

- Gruppen zu je sieben bis acht Personen bilden jeweils einen Sitz- oder Stehkreis.
- Jeweils ein Schüler pro Gruppe erhält eine Karte mit einem Begriff oder einer Regel und hat zur Aufgabe, dies an das nächste Gruppenmitglied im Flüsterton weiterzugeben.
- Der letzte der Gruppe nennt den Begriff / die Regel und vergleicht das Ergebnis mit dem Ausgangskärtchen.

Aufgabenbeispiele :

- Begriffe: Salze (z. B. Natriumacetat-trihydrat), Isotope etc.
- Regeln: Massenerhaltungsgesetz, Experimentierabläufe, Kalkkreislauf
- Integration verschiedener Lernaktivitäten (s. u.): Salze, Elemente und ihr atomarer Aufbau, Isotope

Weitere Hinweise und Variationen:

- Der erste Schüler nennt einen Fachnamen (z. B. Glucose), der nächste Schüler das dazugehörige Symbol / die Formel ($C_6H_{12}O_6$), der nachfolgende wieder den Fachnamen usw.
- Die Methode kann durch den Einbau verschiedener Lernaktivitäten komplexer gestaltet werden. Beispiel: Der erste Schüler erhält einen Molekülnamen, der zweite muss die Summenformel, der dritte die Strukturformel aufschreiben, der vierte das Molekül bauen, der fünfte den Namen aufschreiben usw. Am Ende vergleichen je zwei Gruppen ihre Ergebnisse.

mind. 30 Min.

Lernstoff wiedererkennen, strukturieren und erklären können

Kärtchen mit Begriffen, Plakate

Kurzbeschreibung der Methode:

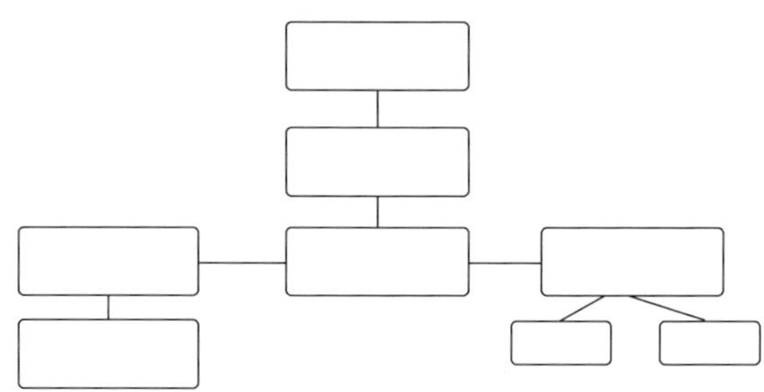

Bei der Strukturlegetechnik erhalten die Schüler in Einzel-, Partner- oder Kleingruppenarbeit Karten mit Begriffen zu einem Inhaltsfeld. Sie werden geordnet auf einem Plakat fixiert, sodass Struktur und Zusammenhänge deutlich werden. Pfeile, Striche oder weitere grafische Unterstützungen werden zusätzlich eingezeichnet.

Durchführung:

- Jedes Zweierteam / jede Gruppe erhält die zentralen Begriffe zur entsprechenden Lerneinheit auf Karten.
- Die Gruppe hat nun die Aufgabe, die Begriffe zu klären und anschließend zusammengehörige Begriffe zu finden, zu ordnen und ihnen eine Überschrift / einen Oberbegriff zu geben.
- Die Karten werden nun auf Plakatkarton geklebt, Teile farblich hervorgehoben, Bezüge durch Pfeile, Striche oder grafische Ergänzungen deutlich gemacht.
- Die Gruppe übt die spätere Vorstellung ihres Themas und präsentiert es im Anschluss daran vor anderen Gruppen / im Plenum.

Aufgabenbeispiele:

- Begriffe zur chemischen Reaktion (Element, Verbindung, Aktivierungsenergie, Produkt, Katalysator etc.)
- Begriffe zur Bildung von Salzen (Neutralisation, Metalloxid, Säure, Lauge, Synthese etc.)

Weitere Hinweise:

- Setzen Sie ein Zeitlimit und halten Sie Zusatzaufgaben bereit.
- Zusätzlich können Hilfsmittel (z. B. Lehrbücher) und „Feedbackzeiten" eingesetzt werden.

mind. 30 Min.

Informationssammlung mithilfe des Internets

Computer mit Online-Zugang, Informationsblatt mit Aufgaben und Internetquellen, evtl. Software und Lehrbücher

Kurzbeschreibung der Methode:

Der Begriff WebQuest setzt sich zusammen aus den Begriffen World Wide Web und Quest (engl. Suche). Die Schüler erhalten eine Liste mit thematisch passenden Quellen, recherchieren im Internet und halten ihre Ergebnisse in einem passenden Produkt fest.

Durchführung:

- Der Lehrer gibt Arbeitsauftrag, Zeitrahmen, Sozialform und das zu erstellende Produkt vor (z. B. Dokument, Poster etc.) und händigt Internetlinks und ggf. Literaturhinweise aus.
- Die Schüler bearbeiten ihr Thema und halten ihre Ergebnisse in einem passenden Produkt fest.
- Die einzelnen Produkte werden in der Klasse vorgestellt.
- Schüler und Lehrer evaluieren Lernprozess und erworbenes Wissen.

Aufgabenbeispiel:

Zu jedem Themengebiet lassen sich WebQuests erstellen. Vorhandene WebQuests sind zu finden unter: https://www.uni-frankfurt.de/53572742/WebQuest (diverse Themen)

Weitere Hinweise:

- Stellen Sie die Internetlinks digital zur Verfügung. Das spart Tipparbeit und vermeidet Fehler.
- Auch vorhandene Lernsoftware und Videoclips oder Animationen können ergänzt eingesetzt werden.
- Wie man ein WebQuest selbst erstellen kann, erfährt man auf der Seite https://www.lehrerfortbildung-bw.de/u_gestaltlehrlern/projekte/webquest/erstellen.html.

mind. 10 Min.

gezieltes zahlenbezogenes Detailverständnis von Texten

Lesetext mit Zahlen, Textmarker

Kurzbeschreibung der Methode:

Die Zahlenmethode legt den Fokus auf die in naturwissenschaftlichen Texten häufig enthaltenen Zahlen.

Durchführung:

- Die Schüler erhalten einen Text, der verschiedene Zahlen und Daten beinhaltet, markieren in Einzelarbeit alle darin enthaltenen Zahlen und schreiben sie anschließend heraus.
- In Partnerarbeit werden die verschiedenen Zahlen vorgestellt und erklärt.
- Je nach Textsorte und Inhalt erstellen die Partner gemeinsam eine Prioritätenliste der für sie bedeutsamsten bzw. der relevanten Zahlen.

Aufgabenbeispiel:

Stoffe kann man an ihren typischen Stoffeigenschaften unterscheiden. Das wissen Tim und Tony. Sie untersuchten und recherchierten 9 Stoffe im Chemieunterricht. Es waren 2 Gase, 3 Metalle, 2 Flüssigkeiten und 2 weitere Feststoffe. Tim und Tony staunten über manche Ergebnisse. Mit –219 °C hat Sauerstoff die geringste Schmelztemperatur, gefolgt von Propangas mit –188 °C und Alkohol mit –114 °C. Wasser mit 0 °C war ihnen bekannt, aber dass Kochsalz bei +801 °C und Eisen gar erst bei +1537 °C schmilzt, fanden sie doch faszinierend. Keine sonderlich große Überraschung für sie war, dass Silber mit 10,5 g/cm^3 eine höhere Dichte besitzt als das Leichtmetall Aluminium mit 2,7 g/cm^3. Verwundert war Tim, als er las, dass Wasser bei 120 °C kocht – eigentlich war ihm ein Wert von 100 °C bekannt. Sein Freund erklärte ihm aber, dass dieser Wert vom Luftdruck abhängig sei. Die Normwerte würden sich auf den sogenannten Normdruck mit 1013 Hektopascal beziehen. Die 120 °C beim Wasser kämen nur unter erhöhtem Druck zustande (wie er z. B. beim Schnellkochtopf herrscht) …

Weitere Hinweise:

- Weisen Sie die Schüler darauf hin, dass bloße Zahlen ohne Einheiten keinen ausreichenden Informationsgehalt haben.
- Die Schüler können ein Quiz daraus entwickeln, indem die einen Zahlen und die anderen den betreffenden Stoff dazu nennen (z. B. Schmelztemperatur –219 °C = Sauerstoff).

12. Partnerinterview

gezieltes Fragen und aktives Zuhören zum Informationsaustausch

Informationsmaterial zu einem Thema

Kurzbeschreibung der Methode:

Das Partnerinterview ist eine kooperative Form der Informationsbeschaffung, bei der sich die Schüler zu einem erarbeiteten Thema gegenseitig interviewen. Neben der Lesekompetenz werden auf diese Weise auch die Kooperations- und Kommunikationskompetenz sowie das Verständnis von Sachverhalten gefördert.

Durchführung:

- Die Schüler erhalten Material zu einem Thema (z. B. in Text-, Tabellen- oder Diagrammform) und bearbeiten in Einzelarbeit die Aufgabenstellung: „Lies den Text / die Tabelle / das Diagramm und formuliere mit den gewonnenen Informationen Fragen, die du deinem Interviewpartner stellen kannst."
- Die Partner stellen sich gegenseitig ihre Fragen und versuchen danach, alle offenen Fragen / unvollständigen Antworten gemeinsam zu klären.
- Die Interviews werden nun der Klasse vorgespielt.

Aufgabenbeispiele:

Interview 1 zu „Metalle und Nichtmetalle"	Interview 2 zu „Metalle und Nichtmetalle"
1. Welche Gebrauchsmetalle sind im Haus zu finden?	1. Was sind die bekanntesten Nichtmetalle?
2. Was sind die typischen Eigenschaften von Metallen?	2. Nenne einige typische Eigenschaften von Nichtmetallen.
3. Wie viele Metalle gibt es im Periodensystem?	3. Wie viele Nichtmetalle gibt es im Periodensystem?
4. Wie werden viele Metalle gewonnen?	4. Welche Nichtmetalle gehen so gut wie keine Verbindung ein?

Weitere Hinweise:

- Vermeiden Sie Ja- / Nein-Fragen. Die Schüler sollen in ganzen Sätzen antworten.
- Einige Zweierteams können das Interview auch als Video aufnehmen.

kreative Lösung einer gestellten Aufgabe

Experimentiermaterial

Kurzbeschreibung der Methode:

Beim *Egg-Race* werden herausfordernde Aufgaben zu chemischen Phänomenen mit lebensweltlichem Bezug gestellt. Die Aufgaben werden im Wettbewerb (deshalb *Race*) innerhalb einer bestimmten Zeit gelöst (unterschiedliche Lösungsansätze möglich).

Durchführung:

- Der Lehrer stellt eine Aufgabe und legt die Rahmenbedingungen (Gruppeneinteilung, zur Verfügung stehende Materialien, Verhaltensregeln, Zeit für die einzelnen Arbeitsphasen) fest.
- Die einzelnen Gruppen gehen in die Planungsphase, in welcher der Lehrer als Berater fungiert, und bereiten ihre Lösungen vor.
- In dieser Phase können die Gruppensprecher Rücksprache mit dem Lehrer halten (Vorgehen / Sicherheitsaspekte etc.).
- In der Durchführungsphase erhalten die Schüler das Material und probieren ihre Lösung aus.
- Die Gruppen stellen ihre Vorgehensweise und das Experimentierergebnis vor.
- Danach werden im Unterrichtsgespräch Vorgehensweisen, Verhalten und Ergebnisse evaluiert.

Aufgabenbeispiele:

- Aus einer Kläranlage erhaltet ihr Schmutzwasser. Macht es wieder sauber!
- Es ist Sommer, euch ist langweilig und die Getränke sind leider lauwarm statt kalt. Da kommt ihr auf die Idee, einen Wettbewerb zu veranstalten, wer die beste Kältemischung herstellt.
- Von der vielen Gartenarbeit hat eure Familie trockene Hände bekommen. Deshalb mixt du für alle eine Handcreme.

Weitere Hinweise:

- Auch Fehlplanungen dienen der Entwicklung von Methoden- und Reflexionskompetenz! Durchdenken Sie auch eigene Lösungsmöglichkeiten.
- Damit es nicht zu Überforderung oder Frustration kommt, sollte die Aufgabe an vorhandenes Vorwissen anknüpfen und die Gruppen leistungsheterogen zusammengesetzt werden.
- Als Hilfe können Literatur- oder Recherchehinweise gegeben werden.

experimentelle Lösung einer problemorientierten Aufgabe

Experimentierbox mit Material, Aufgabenstellung, Protokollbogen

Kurzbeschreibung der Methode:

Bei dieser Methode erhalten die Schüler Experimentierboxen zu Themen der Chemie. Die Aufgaben, die dazu gestellt werden, dürfen nur mit dem vorhandenen Material gelöst werden. Im Gegensatz zum Egg-Race (S. 22) entfällt hier der Wettbewerbscharakter.

Durchführung:

- Innerhalb von Vierergruppen werden Rollen (Organisation, Sicherheit, Entsorgung, Protokollführung) vergeben.
- Jede Gruppe erhält eine Experimentierbox (themengleich/themenverschieden) sowie eine Aufgabenstellung.
- Die Gruppen planen ihre Lösung und setzen sie gemeinsam in Experimente um.
- Die Experimente werden in Protokollbögen festgehalten.
- Die Gruppen stellen ihre Experimentierergebnisse anhand der Protokollbögen vor.

Aufgabenbeispiele:

- Findet heraus, welche Stoffe am besten die Wärme leiten.
- Bestimmt den pH-Wert der Lebensmittel.
- Erklärt, was das Brausepulver zum Sprudeln bringt.

Weitere Hinweise:

- Laminieren Sie die Aufgabenstellungen.
- Wenn Sie die Protokollbögen als Folie zur Verfügung stellen, kann die Präsentation über den OHP erfolgen.
- Als Hilfe können Literatur- oder Recherchehinweise gegeben werden.
- Der hohe Organisationsaufwand macht sich bezahlt, wenn die Chemieboxen ihren festen Platz in der Sammlung und im Lehrplan haben.

mind. 15 Min.

Molekülbildung und -aufbau begreifbar machen

Molekülbaukasten

Kurzbeschreibung der Methode:

Der Bau von Molekülen mithilfe eines Baukastens soll den Schülern helfen zu begreifen, wie Verbindungen entstehen, Moleküle aufgebaut sind, Strukturen von Verbindungen aussehen sowie Synthesen und Analysen ablaufen. Atome werden dabei durch Kugeln und Einfach- und Doppelbindungen durch Stäbe dargestellt.

Durchführung:

- Die Schüler erhalten in Zweier- oder Dreiergruppen einen Molekülbaukasten.
- Der Lehrer erläutert die Bedeutung der Kugeln und Stäbe.
- Die Schüler erhalten praktische Arbeitsaufträge, die sie mithilfe des Baukastens bearbeiten, und verschriftlichen anschließend ihre Erkenntnisse.

Aufgabenbeispiele:

- Notiert die Anzahl der verwendeten Atome und Moleküle sowie die Anzahl der entstandenen Moleküle.
- Schreibt anhand der gebauten Modelle ein Reaktionsschema und Formelschema.
- Seht euch die gebauten Moleküle an und zeichnet ihre Strukturen.

Weitere Hinweise:

- Lassen Sie anhand der Kugel-Stab-Modelle aus Styroporkugeln und Schaschlikspießen Modelle verschiedener Moleküle bauen.
- Die Schüler können die Moleküle so gegen das Licht halten, dass sie einen Schatten werfen, aus dem leicht erkennbar ist, wie die Struktur zu zeichnen ist.

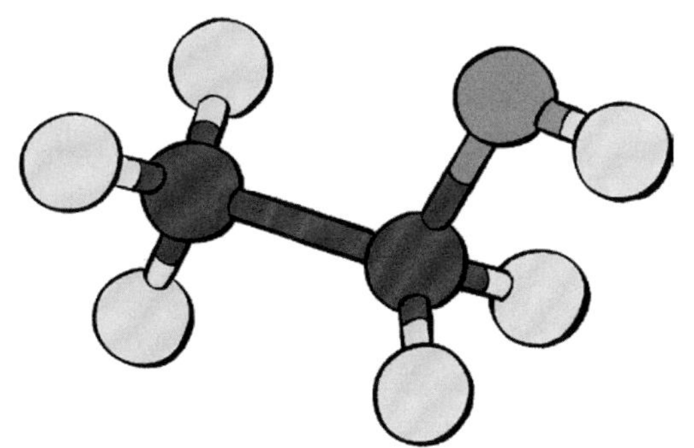

16. Baustein-Modellbau

mind.
15 Min.

Wertigkeit, Formel- und Molekülbildung begreifbar machen

Bausteine mit Noppen (mehrere Sets)

Kurzbeschreibung der Methode:

Der Baustein-Modellbau veranschaulicht den Schülern mithilfe von Spielbausteinen die Zusammensetzung von Formeln und die Wertigkeit von Elementen.

Durchführung:

- Die Schüler erhalten in Zweierteams ein Baustein-Set.
- Der Lehrer erläutert, für welche Atome die verschiedenen Bausteine stehen, und erklärt die Bedeutung der Verbindungsnoppen (stellen die Wertigkeit des Elementes dar).
- Die Schüler erhalten einen praktischen Arbeitsauftrag, den sie mithilfe des Bausets bewältigen, um dann anschließend die gebauten Verbindungen zu verschriftlichen.

Aufgabenbeispiele:

- Wie entsteht aus Aluminium und Sauerstoff Aluminiumoxid / aus Eisen und Schwefel Eisensulfid / aus Magnesium und Chlor Magnesiumchlorid?
- Legt dazu die Bausteine vor euch und steckt sie so zusammen, dass an der Kontaktstelle der verschiedenen Atome keine freien Noppen mehr bestehen.
- Notiert die Anzahl der verwendeten Atome mit deren Wertigkeit.
- Schreibt anhand der gebauten Modelle die Verbindungen als chemische Formel auf. Das Metall steht dabei an erster Stelle, die Zahlen sind tiefgestellt.

Na Natrium		**H** Wasserstoff	**Cu** Kupfer, einwertig	**Cl** Chlor	
O Sauerstoff	**Mg** Magnesium	**Cu** Kupfer, zweiwertig	**S** Schwefel, zweiwertig	**Ca** Calcium	**Fe** Eisen, zweiwertig
Fe Eisen, dreiwertig	**P** Phosphor, dreiwertig	**N** Stickstoff	**Al** Aluminium	**S** Schwefel, vierwertig	**C** Kohlenstoff

Weitere Hinweise:

- Als Erweiterung können die Schüler auch ganze Reaktionen nachbauen.

mind. 20 Min.

selbstständige Erarbeitung eines Themas anhand von Leitfragen

Informationsmaterial, Computer, evtl. Experimentiermaterial, Lösungsblätter

Kurzbeschreibung der Methode:

Bei der Methode Leitprogramme werden den Schülern Informationen in Form von Texten, evtl. auch Internetadressen und Experimentieraufgaben, zur Bearbeitung gegeben. Diese didaktisch aufgearbeiteten Informationen sind so gestaltet, dass die Schüler damit selbstständig in Einzel- oder Partnerarbeit arbeiten können, wobei sie auch ihr Tempo bestimmen. Der Lehrer fungiert als Berater und Organisator.

Durchführung:

- Die Klasse wird vom Lehrer über Thema, Aufgabe, zur Verfügung stehendes Material und Bearbeitungszeit informiert. Fragen dazu werden im Plenum geklärt.
- In Einzel- oder Partnerarbeit werden die Informationen anhand von Leitfragen bearbeitet.
- Die Ergebnisse werden mithilfe von Lösungsblättern verglichen.
- Durch eine schriftliche Überprüfung oder eine Präsentationsaufgabe wird das erworbene Wissen evaluiert bzw. gesichert.

Aufgabenbeispiele:

Thema (und Informationsblätter zu): Lebensmittelfarbstoffe

- Welche chemischen Formeln haben die Zusatzstoffe E 221, E 222, E 226, E 227, E 228?
- Recherchiere die Bedeutung von E 503 und stelle das Reaktionsschema dar, in was der Stoff beim Backen zerfällt.
- Reibe eine Kartoffel klein und gib die Raspel in zwei kleine Bechergläser. Füge zu dem ersten Becherglas einen Spatellöffel Vitamin C hinzu, lasse alles etwas stehen und beobachte die Farbe.

Weitere Hinweise:

- Halten Sie Zusatzaufgaben (schriftliche oder praktische Aufgaben) bereit.
- Auf der Seite https://www.swisseduc.ch/chemie/leitprogramme/ finden Sie eine Auswahl an ausgearbeiteten Leitprogrammen.

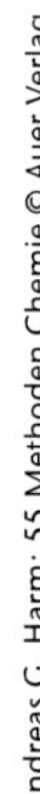

lernwirksame Demonstration eines Experimentes

Experimentiertisch, Experimentiermaterial

Kurzbeschreibung der Methode:

Material-, Geräte- oder Zeitmangel sowie Sicherheitsbeschränkungen lassen manchmal nur Lehrerexperimente zu. Hier gibt es einige methodische Hinweise zu beachten.

Durchführung:

- Zur Zieltransparenz wird eine Frage an der Tafel fixiert.
- Den Schülern werden die Laborgeräte und Chemikalien sowie der Aufbau erläutert. Dies kann mithilfe einer schriftlichen Fixierung (Folie / Tafel) unterstützt werden.
- Die Schüler erhalten eine Beobachtungsaufgabe.
- Das Experiment wird vorgeführt und besprochen.

Aufgabenbeispiele:

- Destillationen: Aus welchem Stoffgemisch besteht Erdöl / Kirschwein? (Beobachtung der Edukte und Produkte / Beschreibung des Vorgangs)
- Thermolyse von Natriumazid: Wie funktioniert ein Airbag? (Funktion des Airbags nachvollziehen und beschreiben)
- Die leuchtende Gurke: Welches Element versteckt sich in der Essiggurke? (Nachweis von Natrium durch charakteristische Gelbfärbung)
- Thermitverfahren: Wie kann man ohne Schweißgerät schweißen? (Redoxvorgang von Aluminium und Eisenoxid in der Praxis)

Weitere Hinweise:

- Nimmt ein Schüler das Experiment als Video auf, können Unklarheiten durch mehrmaliges Zeigen beseitigt werden.
- Beim Aufbau müssen Wahrnehmungsgesetze berücksichtigt werden: unnötige Gegenstände vom Experimentiertisch entfernen – kein komplizierter, unübersichtlicher Aufbau – die Reaktion von links nach rechts laufen lassen – evtl. Hintergrundkontraste schaffen (z. B. schwarzer Hintergrund für entstehende weiße Niederschläge) – Schläuche und Glasrohre möglichst gerade verbinden – Reaktionsgeräte symmetrisch anordnen, um ein besseres Einprägen zu ermöglichen.

Selbst- oder Partnerkontrolle von erworbenem Wissen

Bandolos mit Schnur

Kurzbeschreibung der Methode:

Bandolos sind Karten mit Fragen, deren Antworten die Schüler selbst kontrollieren können, indem ein Faden von den Fragen zu den Lösungen geführt wird. Auf der Vorderseite des Bandolos sind Fragen und Antworten abgebildet, auf der Rückseite ein Muster. Wurden alle Fragen korrekt beantwortet, stimmt die Fadenführung auf der Rückseite mit dem dort vorgezeichneten Muster überein.

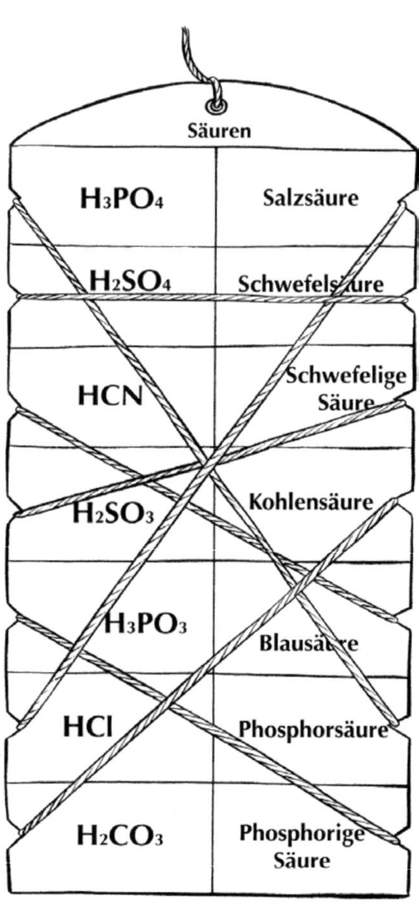

Durchführung:

- Jeder Schüler oder jedes Zweierteam erhält jeweils ein Bandolo.
- Von Startfrage A wird der Faden zur richtigen Lösung geführt, von dort zur Frage B usw.

Aufgabenbeispiele:

Aufgabe / Lösung:

- Oxidation – Elektronenabgabe
- Reduktion – Elektronenaufnahme
- Mg^{2+} – Kation

Weitere Hinweise:

- Laminieren Sie die Bandolos. Mit einem Loch beim Start können Sie den Faden dort festknoten, sodass dieser nicht verloren geht.
- Geben Sie den Schülern am Ende einer Lerneinheit verschiedene Blankovorlagen, auf denen sie für ihre Partner Fragen und Antworten notieren, um so selbst ein Bandolo herzustellen.

20. Galeriegang

mind. 30 Min.

parallele Präsentation und Erkundung mehrerer Unterrichtsergebnisse

Präsentationsmedien (z. B. Plakate, Experimentiermaterial)

Kurzbeschreibung der Methode:

Die Methode Galeriegang ermöglicht die gleichzeitige Präsentation von Gruppenergebnissen.

Durchführung:

- Die Schüler werden in arbeitsteilige Gruppen eingeteilt (z. B. 1 bis 5). Jedes Gruppenmitglied erhält zudem einen Gruppenbuchstaben (a, b, c, ...).
- Mit vorgegebenem Recherche-, Experimental- oder Bastelmaterial erarbeiten die Gruppen ihr Thema und bereiten es in einer geeigneten Präsentationsform vor.
- Anschließend werden neue Gruppen mithilfe des Buchstaben gebildet (z. B. alle mit „a" bilden eine Gruppe). Jede Gruppe wandert dann von Station zu Station.
- In jeder Gruppe ist dadurch ein Themenexperte vorhanden, der bei jeweils einer der Präsentationen mitgewirkt hat. Dieser hat nun die Aufgabe, seinen Gruppenmitgliedern sein Thema in einer vorgegebenen Zeit vorzustellen und Fragen zu beantworten.
- Nach der festgelegten Zeit gehen die Rundganggruppen (im Uhrzeigersinn) weiter zur jeweils nächsten Präsentation, bis alle Gruppenergebnisse von allen Schülern erkundet wurden.

Aufgabenbeispiele:

- Erdöl und seine Derivate, Destillation, Erdölprodukte, Erdölgewinnung und -förderung
- Säuren und Laugen: Darstellung, Eigenschaften, Alltagsprodukte, Neutralisation

Weitere Hinweise:

- Innerhalb einer Schulstunde sind Erarbeitung und Präsentation nicht zu schaffen, geben Sie den Schülern ausreichend Zeit dafür!
- Idealerweise verlegen Sie den Galeriegang auf zwei Räume und / oder den Flur – so sind ungestörtere Präsentationen möglich.
- Lassen Sie jede Erarbeitungsgruppe drei bis fünf Fragen zu ihrer Präsentation formulieren. Sammeln Sie diese Fragen und stellen Sie sie für alle Schüler bereit. Die Antworten dazu müssen die Rundganggruppen während des Galerieganges notieren; evtl. sogar ohne Präsentatoren.

21. Karteikarten

mind.
10 Min.

selbstständiges, systematisches Lernen und Wiederholen

Karteikarten, evtl. Karteikartenbox

Kurzbeschreibung der Methode:

Karteikarten eignen sich zum Erwerb und zur Sicherung von Fachbegriffen, Formeln, Merksätzen etc. (z. B. Vorderseite mit Frage / Rückseite mit Antwort).

Durchführung:

- Karteikastenlernen mit vier oder fünf Fächern: In Fach 1 befinden sich alle neu zu lernenden Karten. Sind diese beantwortet, werden sie in Fach 2 einsortiert, wo sie nach zwei Tagen nochmals hervorgeholt werden. Werden sie auch dann richtig beantwortet, wandern sie in Fach 3. Diese Karten werden nach einer Woche überprüft. Bei richtiger Antwort gehen sie in Fach 4 über, wo sie nochmals nach zwei Wochen bearbeitet werden. Bei den Karten, die in Fach 5 gelegt werden, kann man davon ausgehen, dass der Lernstoff sicher beherrscht wird. Wird eine Frage im Laufe des Lernens nicht richtig beantwortet, kehrt sie in Fach 1 zurück.

Aufgabenbeispiele:

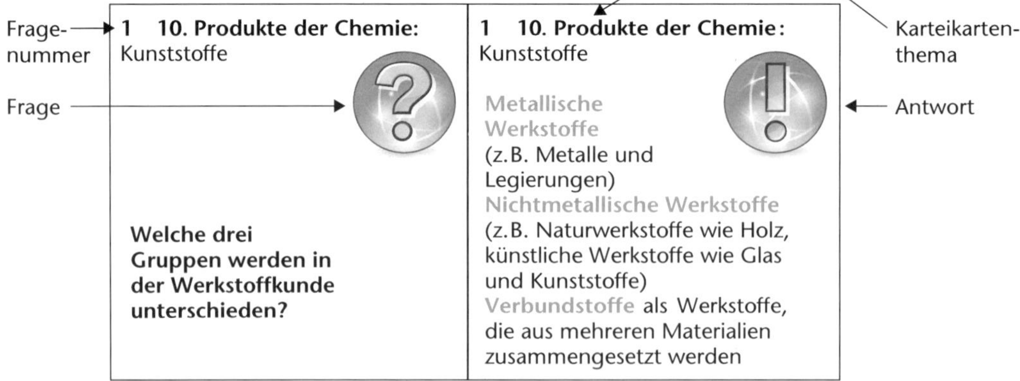

Weitere Hinweise:

- Die Arbeit mit Karteikarten kann auch in Partnerarbeit erfolgen. Dafür werden die Karten aus Fach 1 gemischt auf den Tisch gelegt und abwechselnd beantwortet.
- Geben Sie den Schülern eine Hilfekarte an die Hand (beim Thema Atombau das PSE, bei Kunststoffen etwaige Abkürzungen, bei Organik eine homologe Reihe).
- Halten Sie Karteikartenboxen an einem festen Platz im Chemieraum bereit. So können die Schüler diese nutzen, wenn sie mit Aufgaben schneller fertig sind als andere.

Umsetzung von Beobachtungen und Vorstellungen in Filmsequenzen

leere Filmleiste (senkrecht oder waagerecht auf ein Blatt kopiert)

Kurzbeschreibung der Methode:

Die Filmleiste dient dazu, Beobachtungen und Vorstellungen, die die Schüler zu einem Vorgang haben, in Schritten (Filmsequenzen) festzuhalten. Während bei Versuchsprotokollen oft nur ein oder zwei Zeichnungen angefertigt werden, können bei der Filmleiste die zeitlichen und sachlogischen Verläufe von Experimenten, aber auch die schrittweisen Vorgänge im Teilchenbereich genauer dargestellt werden.

Durchführung:

- Die Schüler erhalten eine leere Filmleiste.
- Experimente oder Teilchenvorgänge werden in Einzel- oder Partnerarbeit in Schritten zeichnerisch dargestellt.
- Zu jedem Filmabschnitt wird eine kurze Erläuterung geschrieben.

Aufgabenbeispiel:

Hydratation von NaCl:

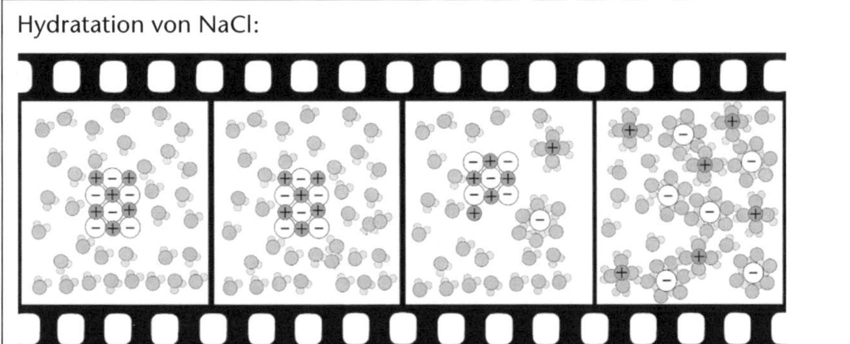

Weitere Hinweise:

- In der Sicherungsphase können Filmleisten und Erläuterungen kopiert und in ihre Abschnitte zerschnitten werden. Danach tauschen die Schüler die Abschnitte aus und versuchen, sie richtig zu ordnen (alternativ als OHP-Folie).
- Als Hilfestellung für die sprachliche Umsetzung kann den Schülern eine Wortliste mit Fachbegriffen oder Handlungsfolgen an die Hand gegeben werden.

23. Szenischer Molekülbau

mind. 10 Min.

aktive Bewusstmachung, wie Moleküle sich bilden

Schüler-, evtl. Kreppband oder Umhängeschilder mit Elementsymbolen

Kurzbeschreibung der Methode:

Bei der Methode Szenischer Molekülbau stellt jeder Schüler mithilfe seines Körpers ein Atom dar. Die Arme und Beine dienen als bindende Elektronen bzw. als Elektronenpaare. Durch die Zusammenführung von Händen und Beinen werden Bindungen geschaffen und so Moleküle gebildet.

Durchführung:

- Die Schüler werden in darstellende Elemente und auslösende Aktivierungsenergie (ein oder zwei Schüler) aufgeteilt.
- Jeder als Element teilnehmende Schüler erhält sein Elementsymbol in der Lewis-Schreibweise (z. B. auf Kreppband / als Umhängeschild geschrieben).
- Freie Bindungselektronen werden mit ausgestrecktem Arm oder Bein dargestellt.
- Die Schüler, die die Aktivierungsenergie darstellen, tippen die Elemente-Schüler an.
- Die Elemente-Schüler binden sich an Händen und evtl. Beinen mit den korrespondierenden Elementen, sodass kein freies Elektronenpaar mehr vorhanden ist.
- Die zuschauenden Schüler notieren sich die entstandenen Moleküle.

Aufgabenbeispiele:

Bildung von Chlorwasserstoff HCl	Bildung von Ammoniak NH_3	Polymerisation
 Zwei Schüler bilden H–Cl.	 Drei Schüler (Wasserstoff) binden sich an einen Schüler (Stickstoff).	 Die Schüler bilden Paare, die sich an beiden Händen fassen, der aktivierende Schüler tippt die Paare an, die ihre Bindung öffnen und mit anderen Paaren eine Kette bilden.

Weitere Hinweise:

- Die Molekülbildung kann gefilmt und bei der Umsetzung in die Formelsprache verglichen werden.
- Bei manchen Klassen muss man vorher bedenken, ob und wie bestimmte Schüler (auch Jungen mit Mädchen) miteinander kooperieren können.
- Versuchen Sie in höheren Klassen, auch unterschiedliche Kunststoffe (z. B. Duroplast und Thermoplast) darstellen zu lassen.

24. Lernplakat

mind.
30 Min.

übersichtliche, individuelle Darstellung eines Lerninhaltes

Informationsmaterial, Plakatkarton, buntes DIN-A4-Papier, Stifte, Klebestifte

Kurzbeschreibung der Methode:

Bei der Entwicklung eines Lernplakates erarbeiten sich die Schüler ein Thema, müssen dabei Wesentliches erfassen, Schwerpunkte herausfiltern sowie Inhalte und Zusammenhänge grafisch so darstellen, dass die Leser alles schnell und klar erfassen.

Durchführung:

- Arbeitsteilige oder arbeitsgleiche Vierer- oder Fünfergruppen erhalten Informationsmaterial sowie Material zur Gestaltung der Lernplakate.
- Die Schüler machen sich Notizen zum Inhalt (Was ist besonders interessant? Was haben wir gelernt?) und finden eine Überschrift.
- Die Gruppe erstellt eine Skizze für die Gliederung des Plakates.
- Die verschiedenen Schwerpunkte werden auf farbiges Papier übertragen und auf das Plakat geklebt, die Überschrift deutlich auf das Plakat geschrieben und unterstrichen.
- Die Informationen werden durch Zeichnungen und Bilder ergänzt.
- Alle Lernplakate werden im Raum oder Gang aufgehängt und präsentiert.

Aufgabenbeispiele:

Darstellungsmöglichkeiten für Lernplakate

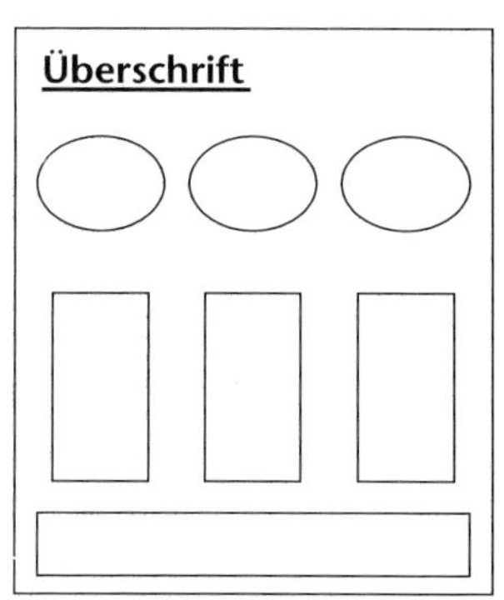

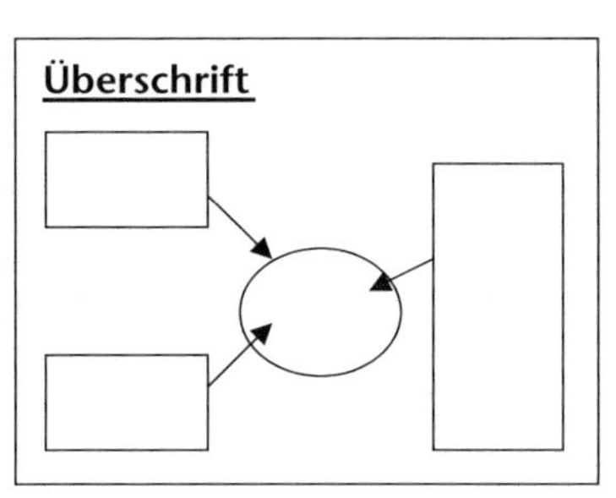

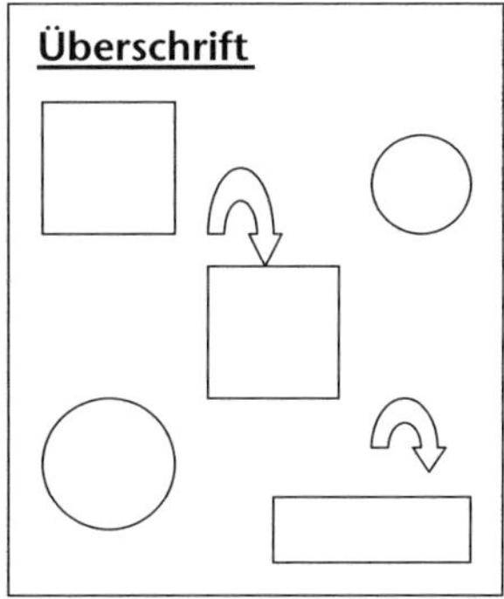

Weitere Hinweise:

- Für eine bessere Lesbarkeit sollte die Buchstabenhöhe 1–2 cm betragen.
- Die Schriftfarbe Rot darf nur sparsam verwendet werden.
- Text und Bild sollten in einem ausgewogenen Verhältnis zueinander stehen.

Erstellen einer persönlichen Lern- und Diagnosemappe

Mappe oder Ringbuchordner, Aufgabenblätter, leere Blätter, Informationsmaterial, weiterführende Literatur und Links

Kurzbeschreibung der Methode:

Bei der Methode Portfolio gestalten die Schüler über einen längeren Zeitraum eigenverantwortlich eine individuelle Mappe zu einem Thema, das sie sich selbstständig erarbeiten. Diese kann als Übersicht über das Gelernte sowie als Diagnoseinstrument für Schüler und Lehrer dienen.

Durchführung:

- Jeder Schüler erhält eine Mappe mit Pflicht-, Wahl- und Reflexionsaufgaben, die schrittweise bearbeitet werden sollen.
- Nach jeder Aufgabe vergleichen die Schüler ihre Ergebnisse mit einer Musterlösung und erstellen eine Selbsteinschätzung, indem sie aufschreiben, was ihnen gut gelungen ist und was sie gelernt haben.
- Die Schüler geben jedem Thema durch kreative Gestaltung und Bearbeitung von Wahlaufgaben oder eigenständiger vertiefender Recherche eine individuelle Note.
- Nach Fertigstellung der Mappe wird diese zum Vergleich mit anderen oder zur Benotung vorgelegt.

Aufgabenbeispiele:

- Hauptthema: Säuren und Laugen; Unterthemen: im Haushalt, Verwendung, Eigenschaften, Bildung, Neutralisation
- Hauptthema: organische Chemie; Unterthemen: organische Stoffe im Alltag, Eigenschaften, Erdöl und Erdgas, Nomenklatur, Derivate

Weitere Hinweise:

- Die Aufgaben sollten im Hinblick auf inhaltliche und reflexive Kompetenzen in den Anforderungen steigen.
- Bei Einführung des Portfolios sollten die Methode wie auch die Bewertungskriterien ausführlich erklärt werden.
- Machen Sie deutlich, dass Fleiß, Kreativität, optische Darstellung, sachliche Richtigkeit, Rechtschreibung sowie ehrliche Selbsteinschätzungen Gewicht haben.

Problemlösung im Kontext einer Erzählung/eines Films

Geschichtstext oder Film(-sequenzen), Tafel

Kurzbeschreibung der Methode:

Ausgangspunkt der Methode ist ein (Lese- oder Hör-)Text oder ein Film, der naturwissenschaftliche Fragen aufwirft. In diesem Kontext sollen die Schüler alltagsbezogene Inhalte aufgreifen und sich fachliches Wissen erarbeiten.

Durchführung:

- Die Schüler bekommen einen Text, einen Film oder eine Filmsequenz präsentiert.
- Jeder Schüler macht sich dabei Notizen zu den Fragen: a) Welche chemische Fragen wirft die Geschichte auf?; b) Welchem Oberthema kann man die erwähnten Phänomene zuordnen?
- Die gesammelten Fragen, die die Klasse konkret im weiteren Unterrichtsverlauf klären möchte bzw. kann, werden an der Tafel oder auf einer Folie gesammelt und besprochen.
- In arbeitsteiligen oder arbeitsgleichen Gruppen werden Antworten auf die Fragen erarbeitet.

Aufgabenbeispiele:

- Film „Apollo 13" – Themen Kohlenstoffdioxidadsorption an KOH und LiOH, Stöchiometrie
- Film „Dante's Peak" – Themen pH-Wert, Säuren
- „James Bond – Feuerball" – Thema Wirkungsweise von Kaliumhyperoxid
- „Das Parfum" – Themen Duftstoffe, Gaschromatografie

Weitere Hinweise:

- Stellen Sie bei Filmen / Filmsequenzen vorher kurz den Inhalt des Films vor.
- Statt geeignete Texte zu recherchieren, können Sie sich auch einfach einen kurzen Dialog ausdenken, diesen von den Schülern lernen und vorspielen lassen oder als Hörtext aufnehmen.
- Geben Sie den Schülern den Auftrag, ihre nächsten Filme und Bücher unter dem Aspekt chemischer Fragestellungen zu sehen bzw. zu lesen. Nach vier Wochen können dann entsprechende Schülerpräsentationen stattfinden.

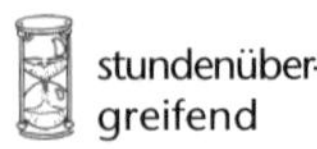

aktive Wahrnehmung der Chemie in der Umgebung

–

Kurzbeschreibung der Methode:

Die Methode Außerschulische Kooperation ermöglicht den Schülern die Erfahrung, dass die Chemie auch im gesellschaftlichen Leben und in der Umwelt eine wichtige Rolle innehat.

Durchführung:

- Ist ein geeigneter außerschulischer Lernort (Beispiele s. u.) gefunden, holt der Lehrer die schriftliche Genehmigung der Schulleitung sowie der Eltern ein und bestimmt eine Begleitperson (z. B. Kollege).
- Lernort und Thema werden den Schülern vorgestellt.
- Nach der Exkursion wird diese für die Schulhomepage oder die lokale Presse dokumentiert.
- In der Klasse werden Erfahrungen, Erkenntnisse und Lernfortschritte mit den Schülern evaluiert.

Aufgabenbeispiele:

- Freilandlabor (z. B. http://fll.inu-berlin.de/)
- Industriedenkmal (z. B. http://www.salzmuseum.de)

Weitere Hinweise:

- Eine weitere Übersicht über außerschulische Lernorte erhalten Sie auf folgenden Seiten: https://www.schuelerlabor-atlas.de/ und https://www.brd.nrw.de/schule/lerntreff/chemie/index.jsp.

Festigung von Lerninhalten mit Wettbewerbscharakter

Schilder mit Gruppennummer, Informationsblätter (Fragen und Antworten) für jeden Schüler, Fragekarten für jede Wettbewerbsgruppe, Punktezettel für Gruppenphase 1 und Wettbewerbsphase, Preise

Kurzbeschreibung der Methode:

Beim Gruppenturnier (Gruppenrallye) trainieren die Schüler Fachbegriffe, Formeln, Verfahren und chemische Zusammenhänge in leistungsheterogenen Gruppen. Sie sammeln dabei Punkte. Gewinner ist die Gruppe mit den meisten Punkten.

Durchführung:

- Die Klasse wird (idealerweise) in leistungsheterogene Vierer- oder Fünfer-Stammgruppen eingeteilt. Die Schüler erhalten die Buchstaben A, B, C, D, (E).
- In Einzelarbeit wiederholt oder erarbeitet sich jeder Schüler das zu erwerbende Wissen, das dann in Partnerarbeit gegenseitig abgefragt wird.
- In Gruppenphase 1 fragt ein Schüler die anderen drei ab und notiert sich die erzielten Punkte (pro richtige Antwort oder Begriff 1 Punkt).
- Die Schüler teilen sich in neue Gruppen auf. Dabei gruppieren sich gleiche Buchstaben zusammen (also alle A-Schüler, alle B-Schüler, ...).
- Die Wettbewerbsphase (Phase 2) in den neuen Gruppen wird in mehreren Runden gespielt. Dabei ist jeder zwei- oder dreimal (muss vorher für alle festgelegt werden) der Prüfer (zieht eine Frage vom Stapel, liest sie vor und gibt später die Antwort). Die anderen sind die Geprüften (schreiben Antwort auf und geben sich Punkte).
- Die Schüler kehren in ihre Stammgruppen zurück (Phase 3) und addieren ihre gesammelten Punkte.
- Die beste(n) Gruppe(n) wird / werden prämiert.

Aufgabenbeispiel:

- Erstellen Sie einfach zur aktuellen Unterrichtseinheit einen Frage-Antwort-Katalog.

Weitere Hinweise:

- Weisen Sie die Schüler darauf hin, dass die Punktevergabe auf Ehrlichkeit beruht.
- Bei gleicher Fragenanzahl in Gruppenphase 1 und Wettbewerbsphase können die Schüler durch die erzielten Punkte sehr gut ihren Lernfortschritt erkennen.

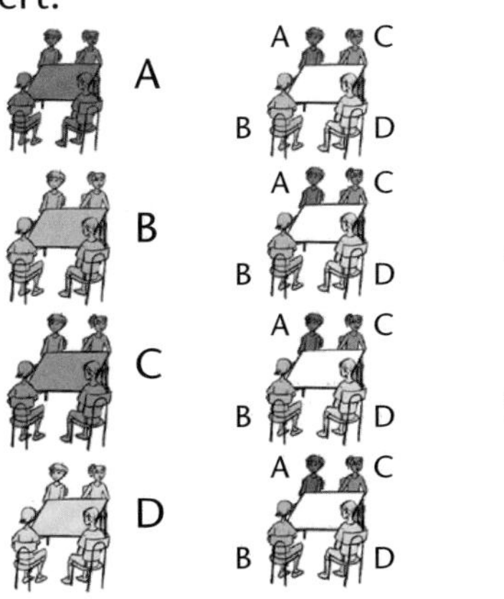

mind. 40 Min.

Förderung von sozialer Handlungskompetenz auf fachlicher Basis

Informationsblätter, Rollenkarten, evtl. Verkleidung, Kamera, weitere Rollenutensilien

Kurzbeschreibung der Methode:

Im Rollenspiel nehmen die Schüler die Position einer anderen Person ein und stellen eine Situation (z. B. Podiumsdiskussion) spielerisch dar. Die Klasse wird dabei in eine Spiel- und eine Beobachtergruppe eingeteilt. Didaktisch sinnvoll ist die Vierteilung in Grundlagenbeschaffung, Vorbereitung, Durchführung und Auswertung des Rollenspiels.

Durchführung:

- Zunächst ist ein Verständnis für die sachlichen Fakten zu schaffen (Wissenserwerb).
- In der Vorbereitungsphase wird eine Übersicht erstellt über die Situation, unterschiedliche Interessen und Standpunkte und daraus resultierende Rollen, über mögliche Spielszenen, Aufgaben der Beobachter sowie Form der Auswertung.
- Vor der Durchführung erhalten die spielenden Schüler Zeit, sich Notizen für ihr Rollenspiel zu machen oder sich mit einer vorgegebenen Rollenkarte vertraut zu machen.
- Die Beobachter nutzen die Zeit, um den Raum vorzubereiten und Beobachtungskriterien aufzustellen.
- Das Rollenspiel wird durchgeführt.
- In der Auswertungsphase berichten die Spieler, wie sie sich und die Mitspieler erlebt haben, die Beobachter teilen ihre subjektiven Eindrücke und objektiven Erkenntnisse mit.

Aufgabenbeispiel:

Podiumsdiskussion: Bioethanol als Treibstoff

- Moderator
- Befürworter: Chemiker, Politiker, Vertreter der Automobilindustrie
- Gegner: Landwirt, Kfz-Mechatroniker, Greenpeace-Aktivist

Weitere Hinweise:

- Der Moderator sollte immer wieder darauf hinwirken, dass die Streitdiskussion nicht ausufert. Am Ende sollte jeder vom Podium eine Meinung (evtl. revidiert) äußern, die auch Argumente der anderen Seite berücksichtigt.
- Videoaufnahmen und Kommentarkarten auf einer Pinnwand helfen bei der Auswertung.

Entwicklung und spielerische Abfrage von zusammenhängendem Wissen

Informationsmaterial, Laptops, Beamer oder Overheadprojektor

Kurzbeschreibung der Methode:

Beim konstruktiven Wissensspiel geht es nicht nur um eine punktuelle Wissensüberprüfung. Es gibt Schülern vielmehr die Möglichkeit, Wissen zu erwerben, Wissen abzufragen, Schwierigkeitsstufen zu steigern, Antwortmöglichkeiten geschickt zu formulieren und ein Quiz organisieren zu können.

Durchführung:

- Das Spiel wird eingeführt, indem es beispielhaft gespielt wird. Es gibt folgende Joker: a) 50:50-Joker (zwei falsche Antwortmöglichkeiten scheiden aus), b) „Telefon"-Joker (ein Mitschüler aus der Klasse darf gefragt werden), c) Publikumsjoker (Abstimmung im Plenum).
- Die Schüler werden in Gruppen eingeteilt; jede Gruppe erarbeitet auf Basis eines Informationspools (z. B. Lehrbuch) Fragen zu einem Thema. Die Fragen sollen sich in ihrer Schwierigkeit langsam steigern.
- Die Fragen werden in das Programm eingegeben (Downloadlink: http://www.uni-koeln.de/hf/konstrukt/didaktik/wissensspiel/wissensspiel.zip) und gespeichert.
- Die Wissensspiele werden durchgeführt.
- Eine Reflexionsrunde evaluiert Spielerlebnis, Erarbeitungsphase, Frage- und Antwortstellungen sowie die Zielvorstellungen über weiteres Vorgehen (z. B. Vertiefung eines Unterrichtsthemas).

Aufgabenbeispiele:

Stoffeigenschaften: Wer entdeckte bei einem Bad in der Badewanne die Dichte?

A) Archimedes B) Plato
C) Pythagoras D) Sokrates

Chemische Reaktion: Welcher Begriff in der Chemie bezeichnet die Herstellung eines Stoffes?

A) Analyse B) Autolyse
C) Hypothese D) Synthese

Weitere Hinweise:

- Damit die Schüler in Ruhe und Vertraulichkeit ihre Fragen entwickeln können, wäre die Erarbeitungsphase in getrennten Räumen von Vorteil.

mind.
10 Min.

Stärkung der Planungskompetenz im Team

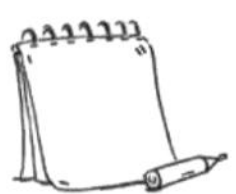

Placemats (Format mind. DIN A3), Material zur Planung, Durchführung und Präsentation von Experimenten

Kurzbeschreibung der Methode:

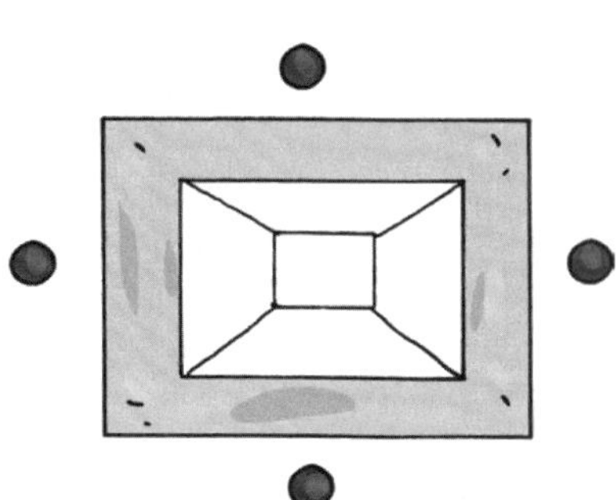

Bei der Methode Placemat (engl. = Platzdeckchen) planen die Schüler kooperativ mithilfe der Placemat-Vorlage Arbeitsabläufe, im Fach Chemie zumeist Experimente. Die Vorlage ist in mehrere Bereiche eingeteilt, die sowohl den Ideen des einzelnen Schülers Raum lässt als auch eine Basis für die weiteren Arbeitsabläufe bietet.

Durchführung:

- Jede Gruppe setzt sich an einen Tisch mit einem vorbereiteten Placemat (Anzahl der Sektoren auf dem Placemat an die jeweilige Gruppengröße anpassen; ideal sind Vierergruppen).
- Zu einem vorgegebenen Problem oder einer Fragestellung notiert nun jeder Schüler für sich in seinem Sektor Antworten oder Einfälle.
- Nachdem alle fertig sind, wird das Blatt im Uhrzeigersinn Feld für Feld gedreht, sodass jedes Feld von den Gruppenmitgliedern durch Kommentare und weitere Ideen ergänzt wird.
- Die Gruppe fasst dann die ergänzten Einzelergebnisse in der Mitte des Placemat als Gruppenergebnis zusammen. Dies kann für die Weiterarbeit oder für eine Präsentation im Plenum genutzt werden.

Aufgabenbeispiel:

- Thema: Das Geheimnis der Brause: Die Schüler sollen Eigenschaften von Brause beschreiben, Bestandteile der Brause herausfinden, klären, was das Prickeln verursacht, und ein Rezept zur Herstellung der Brause entwickeln.

Weitere Hinweise:

- Für die Weiterarbeit werden Experimente zur Lösung der aufgeworfenen Frage geplant. Man einigt sich auf ein gemeinsames Vorgehen.
- Die Gruppe wählt eine Form der Dokumentation (z. B. Fließtext, Lernplakat, Prozessdiagramm, Protokoll).
- Den Schülern wird Zeit und Raum zum Experimentieren gegeben.
- Die Gruppe stellt Plan, Vorgehen und Erkenntnisse vor.

Rekonstruktion von Arbeitswegen und Lebensräumen und deren Relevanz

DIN-A3-Papier, Weltkarte

Kurzbeschreibung der Methode:

Bei der Methode Kartografieren erstellen die Schüler Karten bzw. füllen sie mit spezifischen Inhalten. So können sie beispielsweise zeichnerisch darstellen, wo sie mit bestimmten Materialien oder Berufsgruppen der Chemie in Kontakt kommen oder welche Wege bestimmte Materialien bis zu ihnen nach Deutschland nehmen.

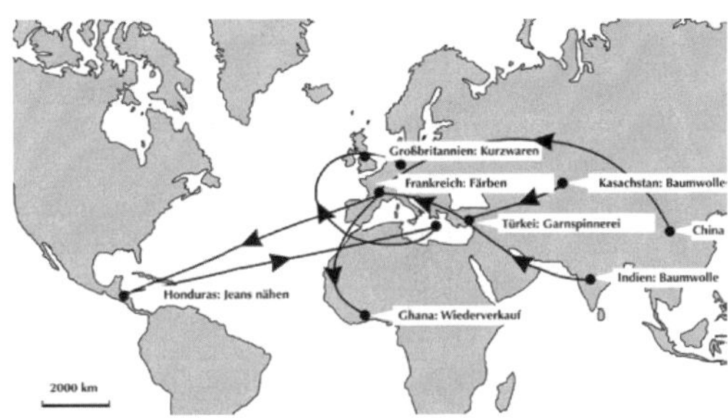

Wege der Jeans

Durchführung:

- Den Schülern wird ein Anlass zum Kartografieren gegeben (durch aktuelle Themen, Erfahrungen, Fragen der Schüler, Lehrbuch, Unterrichtseinheit).
- In Einzelarbeit notiert sich jeder Schüler Orte, Plätze und Stellen, die für das Thema relevant sind.
- Auf einem leeren Blatt oder einer vorgegebenen Karte werden in Einzel- oder Partnerarbeit die relevanten Orte gezeichnet und mit Pfeilen verbunden.
- Die Poster werden vorgestellt, Gemeinsamkeiten und verschiedene Wahrnehmungen besprochen.

Aufgabenbeispiele:

Subjektives Kartografieren:
- Kartografiere die Orte, an denen du im Laufe des Tages mit Chemikalien in Berührung kommst.
- Erstelle eine Karte einer Stadt mit Orten, an denen Menschen mit Chemikalien arbeiten.
- Zeichne den Weg zur Herstellung einer Laugenbrezel.

Objektives Kartografieren:
Entnimm aus den gegebenen Daten die Orte, die für die Herstellung einer Jeans / Lieferung von Heizöl / Produktion einer Kunststoffflasche etc. relevant sind, und übertrage diese auf die Karte.

Weitere Hinweise:

- Bei subjektiv erstellten Karten ist eine Vermischung von Realität und Fantasie durchaus gewollt – sie ermöglicht eine Visualisierung von Gedanken und Ideen und regt zur Diskussion an.

schrittweise, aufeinander aufbauendes Lernen

Stationenboxen mit Material, Zahlenschilder, Lernheft oder Arbeitsblätter

Kurzbeschreibung der Methode:

In der Lernstraße geht der Schüler in einer logischen Schrittfolge an einem Lernthema entlang wie auf einer Straße. Während es beim allgemeinen Stationenlernen nicht darauf ankommt, welche Reihenfolge man einhält, ist dies für eine Lernstraße notwendig, da erlerntes Wissen eine Basis für die Weiterarbeit bildet.

Durchführung:

- In einer theoretischen Einführungsphase werden Arbeitsformen, Regeln, Sozialform, Zeitumfang und erwartete Produkte (Protokoll, Arbeitsheft, Portfolio etc.) mit den Schülern abgesprochen.
- Die einzelnen Stationen (evtl. mit Lernhilfen und Tipps) werden im Unterrichtsraum aufgebaut und mit Zahlen versehen. Da die Gruppen gleichzeitig mit Station 1 beginnen, ist es sinnvoll, die Stationen mehrfach bereitzustellen.
- Während der Bearbeitung fungiert der Lehrer als Beobachter und Berater.
- Nach der Bearbeitung werden im Plenum Erfahrungen und Optimierungsmöglichkeiten besprochen.

Aufgabenbeispiele:

- Thema Stofftrennung: Erarbeitung verschiedener Trennverfahren, um am Schluss ein komplexes Stoffgemisch trennen zu können
- Thema Elektrochemie: Erarbeitung der Spannungsreihe und Möglichkeiten der Stromerzeugung, um am Schluss einen Endverbraucher mit chemisch erzeugtem Strom versorgen zu können
- Thema Organik: Erarbeitung der Nomenklatur und Isomerie, um am Schluss verschiedene organische Verbindungen benennen und zeichnen zu können

Weitere Hinweise:

- Achten Sie auf einen logischen Aufbau des Lernweges und medial abwechslungsreiche Stationen (z. B. Experiment, Lesetext, Video, Modellbau, Rätsel).
- Überlegen Sie sich Wahlstationen, die zwischendurch bearbeitet werden können.
- Falls nicht alle Schüler in der festgelegten Zeit bis zum Ende der Lernstraße gekommen sind, kann eine Gruppe die letzte Station präsentieren und erklären.

forschendes und reflektierendes Lernen

Tafel, Experimentiermaterial

Kurzbeschreibung der Methode:

Beim forschend-entwickelnden Unterricht geht es um die Förderung der Erkenntniskompetenz in einem forschenden Kontext. Dies geschieht in naturwissenschaftlichen Arbeits- und Denkprozessen, bei denen Ideen zur Lösung von Problemen eigenverantwortlich im Trial-and-Error-Verfahren ausprobiert werden.

Durchführung:

- Ausgangspunkt ist die Erkenntnis eines (Alltags-)Problems und der daraus resultierenden Problemfrage. Diese wird an der Tafel deutlich fixiert.
- Das Problem wird analysiert und Hypothesen / Überlegungen zur Lösung an die Tafel geschrieben.
- Die Schüler entscheiden sich für einen oder mehrere Lösungswege und planen Experimente dazu.
- Bei der praktischen Durchführung der Lösungswege haben die Schüler die Möglichkeit, gewonnene Erkenntnisse (z. B. Falsifizierung oder Verifizierung ihrer Hypothesen) zu überdenken und die Versuche zur Problemlösung mehrmals neu zu planen und durchzuführen.
- Ergebnisse werden grafisch oder verbal dargestellt und abstrahiert, zur Wissenssicherung vertieft und evtl. auf ähnliche Problemstellungen übertragen.

Aufgabenbeispiel:

Thema Sodbrennen

Problemfrage:	Was hilft gegen Sodbrennen?
Hypothesen:	Milch, Schnaps, Minztabletten, Natron, Medikamente
Problemlösung:	Messung / pH-Überprüfung einer sauren Lösung nach Zugabe der einzelnen Vorschläge
Abstraktion:	Protokollieren und Zeichnen der Versuchsreihe
Wissenssicherung:	Neutralisation von Säuren durch Basen
Transfer:	Neutralisationsreaktionen (z. B. auf der Baustelle, in der Spülmaschine)

Weitere Hinweise:

- Machen Sie sich im Vorfeld Gedanken, welche Lösungsvorschläge gemacht werden könnten, um das nötige Material bereitzustellen.
- Auch Fehlplanungen sind erlaubt, denn die eigentliche Forschung steht im Mittelpunkt!

zusammenfassende Präsentation von Lernergebnissen

große Papierbögen, Bilder, Fotos, Kleber, Stifte

Kurzbeschreibung der Methode:

Die Methode Wandzeitung bietet die Möglichkeit, Ergebnisse zu präsentieren und verschiedene Facetten eines Themas aufzugreifen. Da eine Zeitung öffentlichen Charakter hat, sollte sie in der Klasse / Schule für andere zugänglich sein.

Durchführung:

- Nach der fachlichen Erarbeitung eines Themas einigt sich die Klasse auf einen Haupttitel der Zeitung und auf die Themen der einzelnen Seiten.
- Die Klasse wird in thematische Untergruppen eingeteilt, die ihre Zielesetzung festlegen (Ergebnispräsentation, Informieren, Meinungsäußerung etc.).
- Die Untergruppen erstellen zunächst einen Entwurf auf DIN A4 und dann die eigentliche Zeitungsseite.
- Die Zeitung wird ausgehängt und begutachtet.

Aufgabenbeispiele:

Diese Aufgabenbeispiele nennen Hauptthemen für Wandzeitungen, die mehrere Unteraspekte ermöglichen.

- Schwerpunkt Information: Berufe in der Chemiebranche
- Schwerpunkt Meinungsäußerung: sinnvoller Umgang mit Müll
- Schwerpunkt Ideen: Möglichkeiten des Wassersparens
- Schwerpunkt Ergebnisvorstellung: alternative Energiequellen

Weitere Hinweise:

- Die Gruppen sollten sich auf eine Schriftart und -größe einigen.
- Beim Erstellen der Seiten sollten die Schüler erst verschiedene Möglichkeiten ausprobieren, wie sie ihr Material anordnen, bevor sie es aufkleben.
- Eine Box und mehrere Zettel neben der Wandzeitung ermöglicht es den Lesern, Leserbriefe zu schreiben. So kann über die Zeitung und deren Gestaltung sowie Inhalte reflektiert werden.

selektive audiovisuelle Informationsbeschaffung

Computer mit Internetzugang, heruntergeladene Podcasts, MP3/4-Player, Plakatkarton

Kurzbeschreibung der Methode:

Auch im Bereich der Chemie existieren Podcasts im Internet. Mithilfe dieser Audio- und Videobeiträge erarbeiten die Schüler interessante Themen des Alltags und präsentieren sie anschließend. Geschult werden dabei gezieltes Hören und Sehen sowie die Kompetenz, Wesentliches aus einem Podcast herauszufiltern.

Durchführung:

- Die Schüler erhalten einen dreigliedrigen Auftrag: 1. Podcast anhören / anschauen; 2. Wesentliche Informationen dazu notieren; 3. Mit den Informationen eine Präsentation, evtl. mit Realien und Experiment, vorbereiten.
- Die Schüler besorgen sich den Podcast im Internet (Computerraum oder Smartphone) oder nutzen ihn auf dem MP3/4-Player.
- Mithilfe ihrer Notizen gestalten die Schüler ein Plakat, auf dem über das Wesentliche des Themas informiert wird.
- Das Thema wird mit Unterstützung des Plakats und evtl. mithilfe eines Experiments vorgestellt.

Aufgabenbeispiele:

- Unter https://www.basf.com/global/de/media/multimedia/podcasts.html werden interessante Alltagsphänomene in Audiopodcasts beantwortet (z. B. Warum werden Kartoffeln beim Kochen weich, Eier aber hart? Warum verzieht man sein Gesicht, wenn man in eine Zitrone beißt?).
- Aktuelle Videopodcasts gibt es u. a. unter http://www1.wdr.de/mediathek/podcast/.
- Sowohl Video- als auch Audiopodcasts finden sich auf der Seite http://www.podcast.de/kategorie/Wissenschaft/Chemie/.

Weitere Hinweise:

- Mithilfe von Printmedien (Lehrbücher, Zeitungen, Zeitschriften etc.) sollen die Schüler in Einzel- oder Partnerarbeit auch eigene Podcasts entwickeln und austauschen.

selbstständige Erarbeitung interaktiver Online-/Offline-Einheiten

Computer mit Internetzugang, Offline-Animationen und Simulationen

Kurzbeschreibung der Methode:

Die Arbeit am Computer besitzt neben dem Experimentieren einen hohen Motivationsgrad für die Schüler. Die Möglichkeit, sich Lerninhalte eigenständig zu erarbeiten und Prozesse durch Animationen und Simulationen zu veranschaulichen, bietet große Vorteile. Dazu werden Online-Angebote, gekaufte Lerneinheiten oder heruntergeladene Programme genutzt.

Durchführung:

- Der Lehrer trifft eine Vorauswahl an Programmen, passend zu der jeweiligen Unterrichtseinheit.
- Der Lehrer entwirft – sofern nicht vorhanden – ein Arbeitsblatt zu der Lerneinheit, sodass das zu erarbeitende Wissen auch gesichert wird.
- Der Lehrer gibt einen klaren Arbeitsauftrag, wie die Schüler mit dem Programm arbeiten sollen.
- Durch eine Produkterstellung, Abfrage in Partnerarbeit oder einer Lernkontrolle wird der Lernerfolg überprüft.

Aufgabenbeispiele:

- http://www.chemieseiten.de: Arbeitsblätter, Bildmaterial und kostenlose Lernsoftware für den Chemieunterricht
- http://www.chemieunterricht-interaktiv.de: ein umfangreiches Angebot für computerunterstütztes Lernen, u. a. mit Animationen, Lerneinheiten, Aufgabenstellungen
- http://123chemie.de/demo.html: verschiedene Lerneinheiten für die Sekundarstufe I mit Probeeinheiten; das Gesamtprogramm ist nicht kostenfrei
- http://learningapps.org: Lernprogramm als Apps

mind. 30 Min.

☆☆

selektive audiovisuelle Informationsbeschaffung

Interview in verschiedenen Medien, Experimentiermaterial, Rollenkarten, Mikrophon

Kurzbeschreibung der Methode:

Das Interview kann im Chemieunterricht mehrere didaktische Funktionen einnehmen. Als Einstieg dient es zur Meinungs- und Problemfindung, als Erarbeitung hilft es bei der Verarbeitung von Informationen, in Sicherungsphasen unterstützt es Kommunikations- und Bewertungskompetenz. Entweder nutzt man vorhandene audiovisuelle oder gedruckte Interviews oder man entscheidet sich, Interviews selbst zu entwickeln oder Rollenkarten einzusetzen.

Durchführung:

- Ein vorhandenes Interview wird vorgetragen, vor- oder durchgelesen.
- Die Schüler nehmen Stellung zu den Aussagen.
- An der Tafel oder auf Folie werden fachliche Aussagen festgehalten.
- Im Experiment (Kleingruppenarbeit) verifizieren oder falsifizieren die Schüler die Aussagen.
- Zum Abschluss wird ein begründetes Statement der Kleingruppe formuliert (Versuchsergebnis, Kommentar zu einzelnen Aussagen des Interviews).
- Als Transfer werden in Gruppen Interviewfragen entwickelt, die entweder Fußgängerpassanten gestellt werden oder von anderen Gruppen beantwortet werden.

Aufgabenbeispiele:

- Ein fiktives Interview über eine Grotte, in der CO_2 frei wird, dient dazu, Vermutungen über die Eigenschaften von CO_2 aufzustellen. Die Schüler überprüfen die Vermutungen und geben Tipps zum Aufenthalt in einer solchen Grotte. Sie entwickeln ein fiktives Interview / Rollenkarten mit Grottenbesitzer, Tourist, sprechendem Hund, Tourismusbüro, Chemiker.
- Ein Zeitungsinterview mit einem Dufttechniker wird herangezogen, um ein Berufsbild zu erstellen oder ein Projekt zum Thema Duftstoffe zu initiieren.

Weitere Hinweise:

- Bei Aufnahmen auf ein Gerät mit guter Tonqualität achten. Das Mikrophon dicht an den Mund halten.
- Ein praktisches MP3-Mikrophon mit USB-Anschluss ist der sogenannte Easy-Speak-Recorder.

interaktive und selbstständige Erarbeitung von Inhalten

Experimentier- und Präsentationsmaterial

Kurzbeschreibung der Methode:

In der Projektmethode werden ausgehend von der Initiative der Schüler komplexere Aufgaben selbstständig und handlungsorientiert bewältigt. Im Schulalltag wird oft eher eine projektorientierte Methode mit Vorschlägen für die Schüler realisiert. Hierbei gibt die Schule bzw. der Lehrer eine Orientierung zu Planung, Organisation, Durchführung und Evaluation des Projektes. Charakteristisch sind fächerübergreifende Elemente.

Durchführung:

- In der Anregungsphase werden Ideen von Schülern, Eltern, Lehrern etc. gesammelt.
- In der Planungsphase werden die Ideen in einem Thema rahmengebend umgesetzt (Aufgaben, Organisation, Zeit, Ziele, Präsentation) und schließlich ausgeführt.
- Als Ergebnissicherung des Projektes kann ein Produkt hergestellt, präsentiert und evtl. verkauft oder das Projekt in verschiedener Weise dokumentiert werden.
- Das Projekt sollte sowohl zwischendurch (um evtl. sich entwickelte neue Zielsetzungen festzulegen und Organisatorisches zu regeln) sowie abschließend evaluiert werden, um einen Abgleich mit den Zielsetzungen, eine Beurteilung des Projektweges und des Produktes sowie Anregungen für weitere Projektvorhaben zu schaffen.

Aufgabenbeispiele:

- Von der Zuckerrübe zum Zucker: Herstellung von Zucker in verschiedener Form aus Zuckerrüben, Besichtigung einer Zuckerrübenfabrik
- Das Papierprojekt: Papierschöpfen und Recherche zu verschiedenen Papieren, Papierherstellung, Recycling
- Erfrischender Malztrunk: Herstellung eines alkoholfreien Malztrunks, Exkursion in eine Brauerei

Weitere Hinweise:

- Die Projektmethode erfordert über einen längeren Zeitraum ein hohes Maß an eigenverantwortlichem, selbstständigem Arbeiten. Machen Sie den Schülern immer wieder Mut und geben Sie ihnen erfolgreich zu bewältigende Aufgaben, damit sie durchhalten!

differenziertes, schülerorientiertes Lernen an Stationen

verschiedene Medien, Experimentiermaterial, Laufzettel, Experten-Namensschilder

Kurzbeschreibung der Methode:

Der Werkstattunterricht ermöglicht den Schülern entdeckendes Lernen in einer Lernumgebung mit unterschiedlichen Materialien und Sozialformen. Aus einem Angebot wählen sie nach Interesse aus, führen die Aufgaben selbstständig durch und kontrollieren die Lösungen gegenseitig oder anhand von Musterlösungen.

Durchführung:

- Die Lernwerkstatt wird mit Stationen eingerichtet, die durch verschiedene Medien (Experiment, audiovisuelle Medien, Lernspiele, Modellbau u. a.) und Schwierigkeitsstufen (Bekanntes, Neues, besonders Herausforderndes) unterschiedliche Zugänge zum Lernen bieten.
- In der Klasse werden Lernangebot, Arbeitsmöglichkeiten (Stationen, Laufzettel) und Verhaltensregeln (Lautstärke, Kooperationsmöglichkeiten, Sicherheit, Rücksicht) besprochen.
- Die Schüler verteilen sich zunächst auf die Stationen, bei denen sie als Experten ausgebildet werden möchten. Sie erarbeiten sich das Thema und gelten später als Kontrollexperten.
- Nach Interesse verteilen sich die Schüler an freie Stationen. Nach Erledigung der Arbeit an der Station gehen die Schüler zum Kontrollexperten und werden dort abgefragt. Stellt der Kontrollexperte ein gutes Wissen fest, wird dies auf dem Laufzettel notiert und die Schüler dürfen an die nächste Station. Bei mangelhafter Beantwortung gehen die Schüler an die Station zurück, um ihr Wissen zu festigen.
- Als Zwischenstopp und Abschluss wird eine Feedbackrunde durchgeführt, wo auch weitere Bedürfnisse artikuliert werden können.

Aufgabenbeispiel:

- Die Bier-Werkstatt: u. a. mit folgenden Aufgaben: Kartenlesen (Hopfen-, Weizen-, Gerste-Anbau in Deutschland), Film (Brauerei), Hörtext (Interview mit einem Brauer), Lesetext (die alkoholische Gärung oder der Bierbauch), Fotocollage (Auswirkungen von Alkoholkonsum), Modellbau (vom Ethan zum Ethanol), Berechnungen (Promilleberechnung), Nachweis („alkoholfreies" Bier im Mund ausspülen, dann in ein Testgerät pusten), Experimente (Ansatz einer alkoholischen Gärung, chemisches Brauen mit Kaliumiodat, CO_2-Nachweis, fehlende Schaumbildung im Glas mit Spülmittel, Herstellung eines alkoholfreien Malztrunks, Diskussionskreis (Bierkonsum)

motivational gefördertes Wiederholen und Lernen im sozialen Miteinander

Karten, Spielfelder, Würfel, Stühle

Kurzbeschreibung der Methode:

Beim Spielen haben die Schüler die Möglichkeit, im unbeschwerten Miteinander ihre fachlichen Lernfortschritte zu überprüfen und Neues zu entdecken. Spiele können in allen Unterrichtsphasen Einsatz finden.

Durchführung:

- Einstiegsspiele: Zwei Teams treten gegeneinander an und beantworten Fragen.
- Erarbeitungsspiele: In Gruppenarbeit wird der gelernte Stoff in ein Karten- oder Brettspiel umgesetzt.
- Sicherungsspiele: In Gruppen werden die erstellten oder vom Lehrer zur Verfügung gestellten Spiele während einer festgelegten Zeit gespielt. Ein Flüsterexperte achtet dabei auf die gedämpfte Lautstärke, ein Teammanager auf die Einhaltung der Spiel- und Sozialregeln, ein Zeitwächter auf den Zeitrahmen, ein Materialchef auf die vollständige Rückgabe der Spielmaterialien.

Aufgabenbeispiele:

- Domino / Trimino und Memory® (Laborgeräte, Gefahrstoffkennzeichen, Formeln, Strukturen)
- Kartenspiele (Quartett vom PSE, UNO® mit Gefahrsymbolen, Schnipp-Schnapp®, Tabu®)
- Brettspiele (Start – Ziel / Snakes & ladders mit Fragen und Aufgaben)
- Bewegungs- und Wettkampfspiele
  - Ja- / Nein-Spiel (zwei Teams treten gegeneinander an; der Lehrer liest eine Aussage vor; die Schüler müssen sich auf den Ja- oder den Nein-Stuhl setzen)
  - Schlangenfressen (vier bis sechs Schüler stehen in einer Ecke; der Lehrer stellt eine Frage; der erste mit der richtigen Antwort darf eine Ecke weiter und bildet den Kopf der Schlange; ist der Kopf an seinem Schwanz – dem letzten Spieler – angelangt, ist das Spiel zu Ende)
  - Molekülrace (alle Schüler bewegen sich im Raum; es wird ein Molekül genannt; die Schüler müssen sich nun in der Anzahl der Atome in Gruppen zusammenfinden, z. B. NH_3 – vier Schüler; wer übrig bleibt, scheidet aus)
  - Begriffsspiel (alle sitzen im Kreis, jeder gibt sich einen Begriff – z. B. Elementenamen; in der Mitte steht ein Schüler und tippt einen Mitschüler an, der seinen Begriff 2x und einen anderen 1x nennt; der Spieler in der Mitte muss den Genannten möglichst schnell finden und antippen; schafft er das, bevor der Genannte seinen Begriff 2x und einen anderen 1x nennt, muss dieser in die Mitte)

42. Folienkonstruktion

mind.
5 Min.

einfache Planung von Versuchsaufbauten

Abbildung von Laborgeräten auf je einer Folie

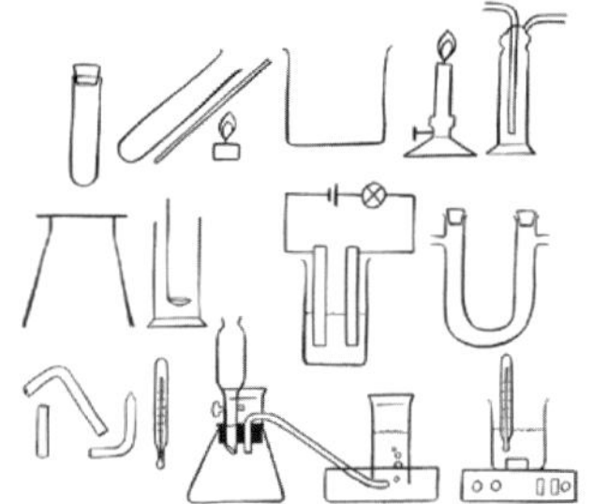

Kurzbeschreibung der Methode:

Bei der Folienkonstruktion haben die Schüler die Möglichkeit, einen Versuchsaufbau mithilfe von Laborgeräten auf Folie zu planen. Die Geräte sind auf einzelnen Folien abgebildet und können so einfach übereinandergelegt werden. Die Vorteile gegenüber einer Planung mit den Geräten liegen darin, dass die Schüler aufgrund der Zweidimensionalität schneller den Zusammenhang der Gerätschaften erkennen, sich weniger mit der technischen Handhabung beschäftigen müssen und der Lehrer bei der Überprüfung schneller auf mögliche Fehler hinweisen kann.

Durchführung:

- Der Lehrer stellt den Schülern eine Auswahl an Laborgeräten auf Einzelfolien zur Verfügung.
- Die Schüler erhalten den Auftrag, einen Versuchsaufbau zu planen.
- In Kleingruppenarbeit legen die Schüler die Folien nun so zueinander, dass der gestellte Arbeitsauftrag eines Versuchsaufbaus zweidimensional dargestellt wird.
- Der Lehrer oder ein Schülerexperte überprüfen die Aufbauten auf Sicherheit und umsetzbare Funktionalität. Alternativ vergleichen die Schüler mit einer Musterlösung am OHP.
- Die Schüler zeichnen den Versuchsaufbau ab und beschriften ihn.

Aufgabenbeispiele:

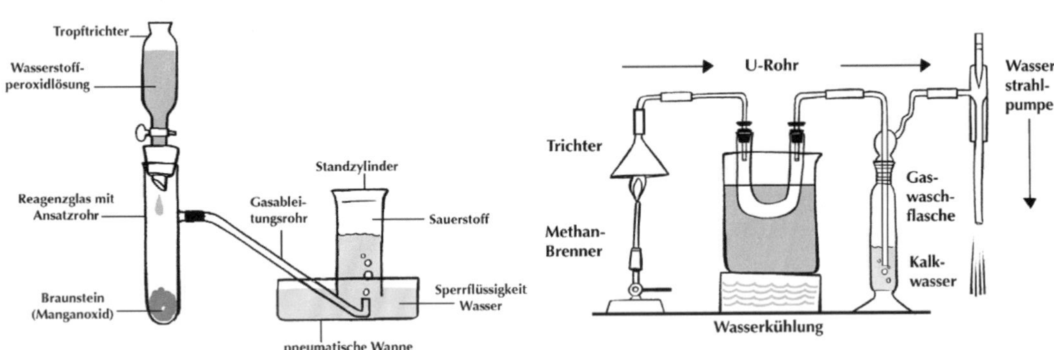

Pneumatisches Auffangen von Sauerstoff

Nachweis von Kohlenstoff und Wasserstoff im Methan

Begeisterung für die Phänomene der Chemie

Experimentiermaterial, Audio-Player, Dekoration

Kurzbeschreibung der Methode:

Durch eine Chemieshow – eine Vorstellung von verschiedenen Experimenten, die in einen Zusammenhang oder in Geschichten eingebettet sind – können im Unterricht oder bei besonderen Veranstaltungen Schüler, Eltern und die ganze Schulgemeinschaft für das Fach Chemie begeistert werden.

Durchführung:

- Der Lehrer sammelt Demonstrationsexperimente, ordnet sie ein (u. a. Alltagschemikalien, Farbeffekte, Flammen- und Lichterscheinungen, Knalleffekte, Verblüffendes) und überprüft sie auf ihre Durchführbarkeit sowie hinsichtlich Sicherheitsaspekten.
- Zu jedem Experiment werden kleine Anekdoten oder Geschichten überlegt und zu einem Gesamtthema zusammengefasst.
- Evtl. können passende Musik und Lichteffekte integriert werden.

Aufgabenbeispiel:

Thema „Feuer und Flamme für die Chemie"

Atmosphäre: Raum verdunkelt, Dekoration: Flammen an den Seitenwänden, flackernder Lichtstrahler, „Feuerwerksmusik" von Händel

Anregungen für Experimente: flammender Geldschein – Entfachung von Feuer: $KMnO_4$ mit Glycerin – Wasserstoffballon – Wasserstoffrakete (Entzündung des Wasserstoffs in einer Dose) – brennende schwebende Seifenblasen (mit Wasserstoff gefüllt) – feuerspuckender Drache (Rachendrachen in Kaliumchlorat) – die glühende Gurke (saure Gurke unter Strom gesetzt) – Kücheninferno (Fettbrand mit Wasser bespritzt) – Feuer unter Wasser (brennende Wunderkerzen im Wasser)

Weitere Hinweise:

- Integrieren Sie soweit möglich Schüler und Publikum in Ihre Vorstellung.
- Teilen Sie Rollen ein: Geschichtenerzähler, Moderator, Experimentator.
- Entwerfen Sie mit den Schülern Werbeplakate.
- Überlegen Sie sich einen Wettbewerb mit einem Preis.

mind.
30 Min.

sicherer Umgang mit Laborgeräten

Laborgeräte, Laborpass, Stempel

Kurzbeschreibung der Methode:

Im Anfangsunterricht erlernen die Schüler den sicheren Umgang mit neuen Geräten. Ein praktischer Test überprüft dies. Wird dieser erfolgreich bewältigt, erhalten die Schüler einen Laborgerätepass, der ihnen den erzielten Erfolg sichtbar bestätigt und der sie berechtigt, jederzeit das entsprechende Gerät zu benutzen.

Brenner-Pass	Name: ______ Geburtsdatum: ______ Klasse: ______ Die o. g. Schülerin / der o. g. Schüler hat am ______ die **Brenner-Prüfung mit Erfolg bestanden.** Sie / er ist damit berechtigt, im Schülerexperiment den Gasbrenner selbstständig und eigenverantwortlich in und außer Betrieb zu setzen.
1560 °C (Stempel der Schule)	(Unterschrift des Lehrers)

Durchführung:

- Die Schüler trainieren anhand einer schriftlichen Anleitung oder nach einer Demonstration den praktischen Umgang mit einem Laborgerät.
- Der Lehrer überprüft den sicheren Umgang bei vier Schülern, die bei Erfolg einen Gerätepass erhalten und dann als Experten gelten.
- Die vier Experten testen weitere Schüler und bestätigen sie bei Erfolg als Experten. Dies geht so lange, bis alle Schüler ihren Gerätepass erhalten haben.

Aufgabenbeispiel: hier: Prüfungsbogen zur Brennerprüfung

Name der Schülerin / des Schülers: ______
Klasse: ______ Datum: ______ Prüferin/Prüfer: ______

	❐ **bestanden**	❐ **nicht bestanden**
Schutzbrille aufsetzen	❐	❐
Gashahn öffnen	❐	❐
Gasregulierung öffnen	❐	❐
Gas mit Gasentzünder / Feuerzeug entzünden	❐	❐
Begriff „leuchtende Brennerflamme“ nennen	❐	❐
Luftregulierung öffnen	❐	❐
Begriff „entleuchtete Brennerflamme“ nennen	❐	❐
Begriff „rauschende Brennerflamme“ nennen	❐	❐
Luftregulierung schließen	❐	❐
Gasregulierung schließen	❐	❐
Gashahn schließen	❐	❐
Schutzbrille abnehmen	❐	❐

mind.
5 Min.

gegenseitige Überprüfung von Erlerntem

Karten, bunte Klammern

Kurzbeschreibung der Methode:

Die Nutzung von Klammerkarten ist eine Variation, Multiple-Choice-Aufgaben zu lösen. Auf der Vorderseite der Karten stehen für einen Prüfling Fragen mit verschiedenen Antwortmöglichkeiten, die Rückseite ist identisch, jedoch ist die richtige Lösung für den Prüfer markiert. Wird nun auf der Vorderseite eine Klammer gesetzt, kann auf der Rückseite die Richtigkeit überprüft werden.

Durchführung:

- Die Schüler erhalten zu zweit Fragekarten und Klammern.
- Im Wechsel ist ein Schüler Prüfer, der andere Prüfling. Dazu sitzen sie sich gegenüber.
- Der Prüfer liest die Frage vor, der Prüfling steckt seine Klammer an eine Antwort. Ist die Antwort richtig, darf die nächste Frage beantwortet werden, ist sie falsch, darf der Prüfling seine Klammer an eine andere Antwortmöglichkeit stecken.
- Bei richtiger Beantwortung der Frage nach dem ersten oder zweiten Mal bleibt die Klammer an der Karte.
- Nach Beendigung der ersten Karte werden die angesteckten Klammern gezählt. Nach der zweiten Karte kann verglichen werden, wer mehr Klammern gesammelt hat.

Aufgabenbeispiele:

Folgende Kernbausteine befinden sich im Atomkern …
Neutronen und Elektronen
Elektronen und Protonen
Protonen und Neutronen
Protonen, Neutronen und Elektronen

Die Massen von Elektronen, Neutronen und Protonen verhalten sich wie …
0:0:1
0:1:1
1:1:0
1:1:1

Weitere Hinweise:

- Drucken Sie die Fragen und Antworten auf dickeres Papier.
- Drucken Sie die Antwortmöglichkeiten in verschiedenen Farben. Dementsprechend sollten dann auch Klammern in diesen Farben vorliegen.

konzentrierte Texterschließung

Lesetexte, Textmarker, Stifte, Karteikarten (klein)

Kurzbeschreibung der Methode:

Die Spickzettelmethode wird eingesetzt, wenn die Schüler aus einem Text das Wesentliche erfassen und schriftlich zusammenfassen sollen. Dies dient dann als Grundlage, den Text in eigenen Worten wiedergeben zu können oder eine Lernstandsüberprüfung vorzubereiten (Spiel, Quiz, Rätsel, Test).

Durchführung:

- Jedem Lerntandem werden zwei Texte zu einem Thema ausgehändigt.
- In Einzelarbeit bearbeitet jeder seinen Text, indem er die Schlüsselbegriffe markiert, diese auf seine Karteikarte notiert und mit Zeichnungen und Symbolen zum besseren Einprägen ergänzt.
- Die Schüler tragen sich gegenseitig die wesentlichen Aussagen zu ihren Texten vor. Dabei können sie sich auch Fragen stellen und ihren eigenen Spickzettel ergänzen.

Aufgabenbeispiele:

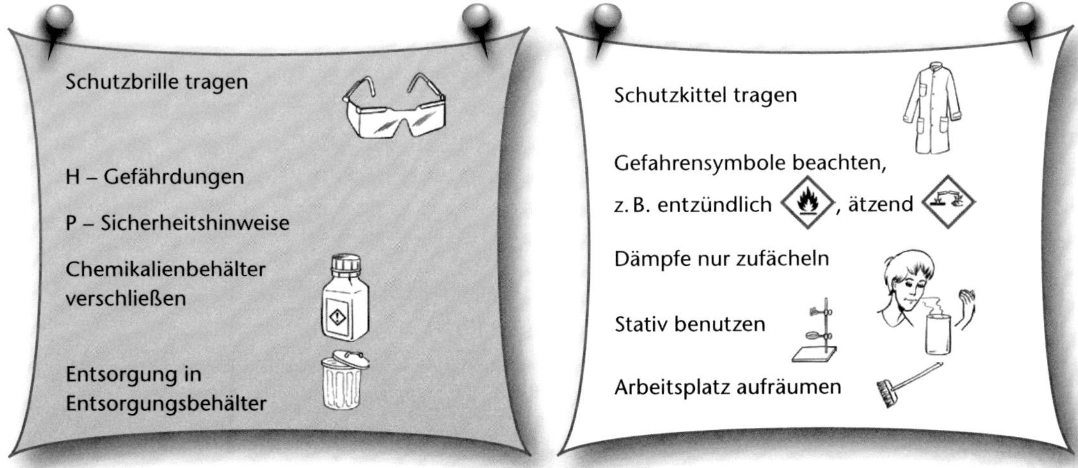

Weitere Hinweise:

- Die Methode kann erweitert werden, indem die Tandems ihre jeweiligen Themen vorstellen, sodass die anderen Schüler neue Inhalte lernen (Schüler lehren Schüler).

anschauliche Inszenierung von Fachinhalten

Comics

Kurzbeschreibung der Methode:

Comics haben den Vorteil, dass sachliche und fachliche Inhalte auf unterhaltsame, teilweise dramaturgische oder witzige Weise nahegebracht werden. Bei der Comic-Methode müssen die Schüler einerseits visuelle Botschaften herauslesen und interpretieren, andererseits auch eigene Vorstellungen und Wissen in bildhafte Sprache übertragen.

Durchführung:

- Der Lehrer sucht in Zeitungen, Zeitschriften und Internet nach Comics mit chemischen Fachinhalten und Botschaften.
- Der Lehrer verwendet einen Comic als Einstiegsmedium zur Findung einer Problemfrage.
- Die Comics werden an die Schüler mit der Aufgabe verteilt, die bildhafte Sprache in verbale Sprache zu übertragen (Notieren der fachlichen Information, Beschreibung der Situation, Aufsatz über den Comic).
- Der Text eines Comics wird entfernt, und die Schüler notieren in die Sprechblasen Informationen mit fachlichem Inhalt.
- Die Schüler erhalten fachliche Informationen in Form eines Fließtextes oder Tabellen, Grafiken etc. und übertragen diese in bildliche Sprache, indem sie eigene Bildergeschichten (Bilder, darunter Text) und Comics (mit Gedanken- und Sprechblasen) kreieren.

Aufgabenbeispiele:

- Unter http://www.lab-initio.com/sci_chemistry.html finden sich Comics zu den unterschiedlichsten Themen der Chemie.
- Weitere Beispiele: https://www.uni-due.de/chemiedidaktik/materialien_humor.

mind. 10 Min.

Diagnose und Versprachlichung von Schülervorstellungen

Personendarstellungen (Folie oder Papier), Informationsblätter, OHP

Kurzbeschreibung der Methode:

Um Schülervorstellungen zu erkennen und dementsprechend zu bestätigen, zu revidieren oder weiterzuentwickeln, werden Concept Cartoons eingesetzt, bei denen verschiedene Personen dargestellt sind, die ihre Ideen, Meinungen und Vorstellungen zu einem Thema in Gedanken- oder Sprechblasen verbalisieren. Als Erweiterung der Methode können nach fachlichem Input und einer Diskussion die Vorstellungen dann in handlungsorientierten Phasen (Experiment, Modellbau, Comics) in Produkte umgesetzt werden.

Durchführung:

- Der Lehrer verteilt die Darstellung von verschiedenen Personen mit Sprechblasen an die Gruppen (Folien / DIN-A4-Blätter).
- Die Schüler sollen über diese Aussagen diskutieren und werden aufgefordert, dazu Stellung zu nehmen und in einem weiteren Schritt eigene Vermutungen zu formulieren.
- Die Gruppen überprüfen dann anhand von sachlichen Texten die Aussagen und gleichen ihre Ergebnisse ab.
- Mittels Overheadprojektor / Tafel werden den anderen Gruppen die Concept Cartoons und die Arbeitsergebnisse vorgestellt.
- Die Gruppen haben anschließend die Möglichkeit, Experimente zu planen oder Modelle zur Sicherung ihrer Aussagen zu konzipieren.

Aufgabenbeispiele:

Mögliche Themen und Sicherungsmöglichkeiten (in Klammern):

- Aufbau der Materie (Entwicklung von Modellen)
- Bildung von Bindungen (Zeichnen von Comics)
- Massenerhaltungsgesetz (Entwicklung von Experimenten)
- Wirkung von Säuren und Laugen (Bildergeschichte)

Weitere Hinweise:

- Die Schüler sollten immer einen Folienstift im Mäppchen haben.

mind.
30 Min.

Realisierung von chemischen Prozessen in der Küche

Küchengeräte, Lebensmittel

Kurzbeschreibung der Methode:

Die Küchenchemie ermöglicht es, den Schülern die Lebens- und Alltagsnähe des Faches Chemie nahezubringen, z. B. in der Schulküche. Neben der Verdeutlichung von chemischen Prozessen beim Kochen und Backen bietet sie auch den Vorteil, dass die Ergebnisse der chemischen Reaktionen im Gegensatz zum Labor auch genossen werden können.

Durchführung:

- In Gruppen werden in der Schulküche verschiedene chemische Reaktionen mit Lebensmitteln durchgeführt.
- Die Ergebnisse werden nach verschiedenen Kriterien ausgewertet (z. B. Unterscheidung von exothermen und endothermen Reaktionen, Bildung von Gasen, Geschmackstest).

Aufgabenbeispiele:

- Suche nach Reinstoffen (z. B. Zucker, Salz) und Stoffgemischen (z. B. Milch, Müsli, Saucen)
- Stofftrennungen (z. B. Extraktion bei Tee, Filtration bei Kaffee und Zentrifugieren beim Salat)
- Kohlenstoffdioxid bei Getränken (z. B. Brauseherstellung) und Backwerken (z. B. Kuchen)
- Endotherme Reaktionen (z. B. Herstellung von gebrannten Mandeln oder heißen Maronen)
- Zersetzungsprozesse (z. B. Braten eines Spiegeleis, Quarkherstellung mit Milch und Essig)

Weitere Hinweise:

- Erkundigen Sie sich rechtzeitig, wann die Schulküche frei ist.
- Verwenden Sie keine Lebensmittel aus dem Labor.
- Machen Sie eine Ausstellung mit Realien oder Postern zum Thema „Chemie in der Küche".

mind. 5 Min.

Schulung der Vortragskompetenz

beschriftete Würfel, formulierte Arbeitsaufträge

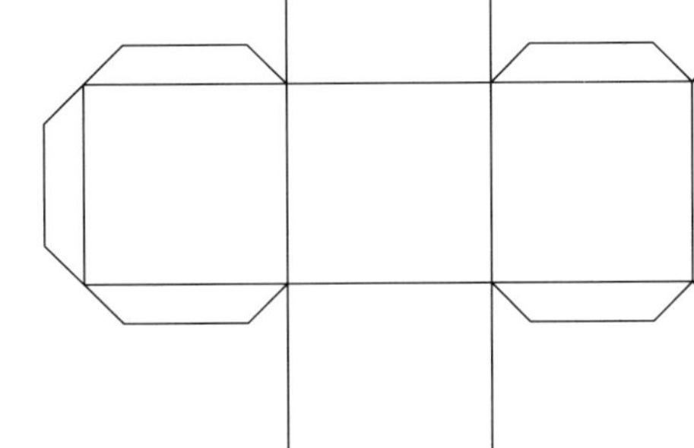

Kurzbeschreibung der Methode:

Bei der Würfelmethode müssen die Schüler einen Kurzvortrag zu einem Thema halten. Das Thema wird durch Würfeln bestimmt.

Durchführung:

- Der Lehrer stellt Würfel her / kauft beschriftbare Würfel und teilt „fertige" Exemplare an Kleingruppen aus.
- Ein Schüler würfelt und hält einen Kurzvortrag zum gewürfelten Thema.
- Reihum wird nun gewürfelt und über das entsprechende Thema berichtet. Über ein Thema kann nur dann ein zweites Mal ein Vortrag gehalten werden, wenn es durch einen anderen Schüler erwürfelt wurde.

Aufgabenbeispiele:

- Begriffe (z. B. verschiedene Trennungsmethoden: „Beschreibe die Trennungsmethode mit einem Beispiel!"; verschiedene Metalle: „Nenne Symbol und Verwendungsmöglichkeit des Metalls.")
- Zwei Würfel mit Laborgeräten: „Beschreibe einen einfachen Versuch, bei dem du die abgebildeten Laborgeräte verwendest."
- Sechs Unterthemen zu einem Hauptthema (z. B. Organik: Erdöl, Erdgas, Kohle, F. Wöhler, Cracken, Kunststoffe). Die Schüler erhalten zunächst sechs Kurztexte zum Durchlesen und Lernen, in der Würfelrunde berichten sie möglichst frei über das Gelesene.

Weitere Hinweise:

- Wenn Sie jeder Gruppe andere Würfel geben, gehen die Schüler innerhalb einer Stunde von Würfeltisch zu Würfeltisch, um verschiedene Aufgabe zu erledigen.
- Geben Sie Kopien (120-Gramm-Papier) der Würfelnetze aus und lassen Sie die Würfel von den Schülern selbst basteln.

Lösen von spannenden Rätselaufgaben

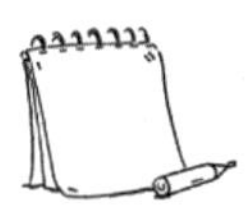

Rätselvorlagen

Kurzbeschreibung der Methode:

Eine sehr motivierende und abwechslungsreiche Möglichkeit, Erlerntes abzurufen und zu festigen, sind Rätsel. Sie können in ihren unterschiedlichen Erscheinungsformen in Einzel-, Partner- oder Gruppenarbeit (mit Wettbewerbscharakter) durchgeführt werden. Vorstellbar ist ihr Einsatz zum Abrufen von Vorwissen und Erlerntem, zur Vertiefung, zum Fokussieren auf ein bestimmtes Teilgebiet oder auch zur Vorbereitung auf Lernkontrollen.

Durchführung:

- Der Lehrer erstellt sich sukzessiv eine Sammlung von verschiedenen Rätseln und ordnet sie entsprechend des Stoffverteilungsplanes nach Rätselart und Schwierigkeitsstufe. So steht für jede Unterrichtseinheit immer ein passendes Rätsel zur Verfügung.

Aufgabenbeispiele:

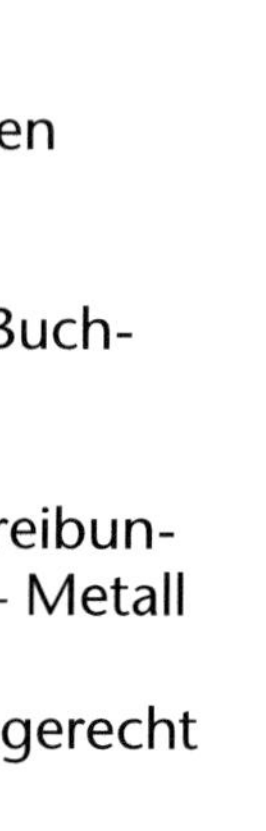

- Abc-Rätsel: zu jedem Buchstaben einen Begriff finden
- Geheimschrift enträtseln: jedes Symbol steht für einen Buchstaben
- Kamm- und Kreuzworträtsel: für Beschreibungen Begriffe finden
- Labyrinth: auf dem Weg sind Buchstaben oder Begriffe, die zusammen ein Lösungswort oder einen Lösungssatz ergeben
- Multiple-Choice: Fragen mit Antwortmöglichkeiten
- Puzzle
- Rebus: Begriffsfindung durch eine Kombination von Abbildungen und Buchstaben
- Sudoku: z. B. mit Elementsymbolen oder Laborgeräten
- Umschreibungsrätsel: ein gesuchter Begriff wird durch mehrere Umschreibungen erklärt (z. B. flüssig – 6. Periode – giftig – früher in Thermometern – Metall – Symbol Hg)
- Wortsuchrätsel: aus einem Feld mit Buchstaben Begriffe senkrecht, waagerecht oder diagonal finden
- Zuordnungen: z. B. Geräte-Memory® oder -Domino

52. Protokollieren

mind.
20 Min.

wissenschaftliche Dokumentation von Experimenten

evtl. Protokollvorlage

Kurzbeschreibung der Methode:

Das Protokollieren eines Versuchs ist eine wesentliche Methode, um Experimente wissenschaftlich korrekt zu dokumentieren. Dabei geht es nicht nur um das bloße Notieren von Beobachtungen, sondern darum, den Weg naturwissenschaftlichen Forschens und Entdeckens nachzuvollziehen.

Durchführung:

- Zur Einführung erzählt der Lehrer eine Agentengeschichte: Chemiker aus einem fremden Land schleusen sich in ein Labor ein, um herauszufinden, wie ein neues Wundermittel der Medizin hergestellt wird …
- Überlegungen der Schüler, welche Informationen für Wissenschaftler wichtig sind, werden mündlich oder schriftlich (Tafel / Folie) gesammelt.
- Das Brainstorming sollte zu folgenden wichtigen Elementen eines Protokolls führen, die an der Tafel fixiert werden: 1. Frage; 2. (begründete) Vermutung(en); 3. Geräte; 4. Chemikalien; 5. Sicherheitshinweise und Entsorgung; 6. Durchführung; 7. Skizze; 8. Beobachtung; 9. Auswertung (Ergebnis, Antwort auf die Frage und Erklärung).

Aufgabenbeispiel:

1. Was passiert, wenn Essig auf ein Blaukrautblatt getropft wird?
2. Das Blatt wird verätzt und hell, weil eine Säure darauf wirkt.
3. Petrischale, Pasteurpipette
4. Blaukrautblatt, Essig
5. Schutzhandschuhe, Entsorgung im Restmüll
6. Eine Pipette voll Essig wird auf eine Hälfte eines Blaukrautblattes getropft.
7. 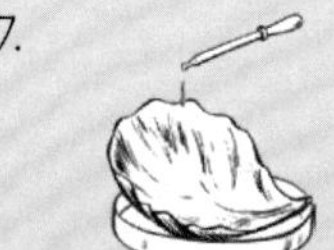 
8. Die Blatthälfte, auf die Essig getropft wird, färbt sich rot.
9. Wird Essig auf Blaukraut getropft, färbt sich dieses rot. Blaukraut ist ein natürlicher Indikator, der sich nach Zugabe von Säuren rot färbt.

Weitere Hinweise:

- Als Anhaltspunkt für die Skizzen gilt: mindestens Daumengröße.
- Am Anfang erleichtern vorgefertigte Protokollvorlagen die Erstellung.
- Weisen Sie darauf hin, dass Beobachtungen alle Wahrnehmungen betreffen – also was man sieht, hört, riecht oder misst.

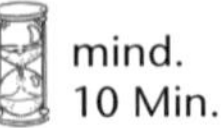

Durchführung von Experimenten mit medizintechnischem Gerät

medizintechnische Geräte

Kurzbeschreibung der Methode:

Eine Alternative zum Experimentieren mit teuren Laborgeräten ist die Verwendung von medizintechnischen Geräten wie Spritzen, Kanülen, Hähnen und Schläuchen. Durch geschicktes Zusammenbauen der Geräte können selbstständig Schülerversuche im kleinen Maßstab durchgeführt werden, die ansonsten nur als Demonstrationsversuche ablaufen würden.

Durchführung:

- Der Lehrer macht sich und die Schüler vertraut mit der Handhabung der medizintechnischen Gerätschaften.
- Die Schüler erhalten zunächst einfache Arbeitsaufträge, die schrittweise zu komplexeren Versuchsaufbauten gesteigert werden.
- Die Durchführung der Experimente kann mit anderen Methoden (z. B. naturwissenschaftliches Arbeiten, Protokollieren, ...) verbunden werden.

Aufgabenbeispiele:

- Einleiten von Gas in Spritzen, Umfüllen in andere Laborgeräte (z. B. Reagenzglas)
- Dichtebestimmung und Nachweis von Gasen (Sauerstoff, Wasserstoff, Kohlenstoffdioxid)
- Herstellen von einfachen Reaktionsgemischen (z. B. Brausetablette und Wasser)
- Lösen von Gasen in Wasser (mit zwei Spritzen, Volumina vor und nach dem Zusammenführen von Gas und Wasser messen)
- Entwicklung und Aufbau einer Elektrolyse/Wasserzersetzung mit zwei Spritzen

Weitere Hinweise:

- Im Fachhandel können Sie günstig einzelne Elemente wie Spritzen, Schläuche und Dreiwegehähne oder schon ganze Experimentierkästen erwerben.

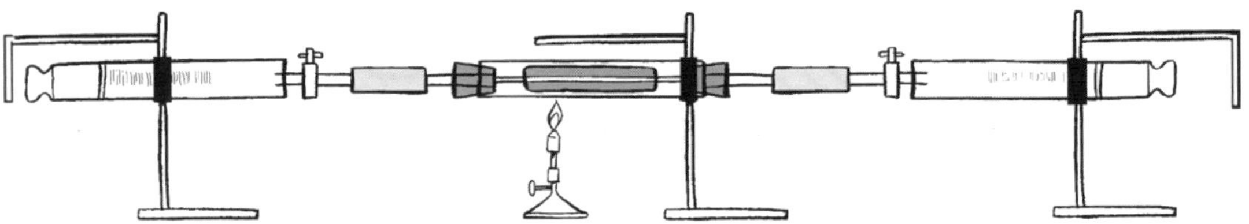

differenzierte Wahrnehmung von Leistung

Selbsteinschätzungsbogen

Kurzbeschreibung der Methode:

Die Methode Selbsteinschätzung gibt Schülern die Mittel für eine eigene realistische Einschätzung ihres Leistungs- und Fähigkeitsstandes an die Hand.

Durchführung:

- Der Lehrer bespricht mit den Schülern Kriterien zur Leistungsmessung und entwickelt daraus einen Selbsteinschätzungsbogen.
- Gemeinsam wird ein Zeitrahmen festgelegt, in dem jeder Schüler für sich verstärkt ein oder mehrere Kriterien bewertet. Dies kann durch Sternchen geschehen (0–3 Sternchen).
- Der Lehrer legt einen Bewertungsbogen an, um eine Grundlage für ein Gespräch zu haben.
- In individuellen Lernstandsgesprächen können Sie Ihre Beobachtungen mit denen des jeweiligen Schülers vergleichen und schriftliche Lernzielvereinbarungen mit dem Schüler treffen.

Aufgabenbeispiel:

Selbsteinschätzungsbogen für ______________________________ (Name)

Klasse ____________ ☆ teilweise ☆☆ öfters ☆☆☆ stimmt genau

Bewertung von	Ziel	Datum 1	Datum 2	Datum 3	Datum 4
Beteiligung	Ich melde mich mehrmals pro Stunde.				
Beiträge	Meine Beiträge passen zum Unterrichtsinhalt und helfen inhaltlich weiter.				
Experimentieren	Ich experimentiere sicher und zielstrebig.				
Ordnung	Ich bringe Laborgeräte sauber und ordentlich an ihren Platz und verlasse meinen Platz ordentlich.				
Teamfähigkeit	Ich arbeite freundlich und gut in einer Gruppe, bringe mich ein und lasse andere auch Ideen einbringen.				
Fachwissen	Ich lerne Fachwissen und behalte es mindestens bis zur nächsten Unterrichtsstunde.				
Selbstständigkeit	Ich benötige keine große Hilfen, kann selbstständig Versuche planen und verstehe Aufgabenstellungen sofort.				
Heftführung	Ich führe ein ordentliches, vollständiges Heft mit guter Schrift und sauberen Skizzen.				

55. Steckbrief

mind.
15 Min.

übersichtliche Informationsdarstellung

Informationsmedium, Papierbogen

Kurzbeschreibung der Methode:

Durch Steckbriefe lernen die Schüler, wesentliche Merkmale von Stoffen zu erfassen und übersichtlich darzustellen. Sie können gut in Einzel- oder Partnerarbeit angefertigt werden und als Grundlage von Informationsaustausch und Ausstellungen dienen.

Durchführung:

- Die Klasse einigt sich, welche Merkmale alle Steckbriefe beinhalten sollen, damit die darzustellenden Stoffe später gut miteinander verglichen werden können.
- Die Schüler erhalten ein Informationsblatt, Bildmaterial, ein Fachbuch oder eine Internetquelle zu einem Stoff (z. B. Element, Verbindung) sowie einen Papierbogen.
- In Einzel- oder Partnerarbeit markieren und notieren sich die Schüler die Merkmale.
- Auf dem Papierbogen werden die Merkmale übersichtlich als Steckbrief dargestellt.

Aufgabenbeispiel:

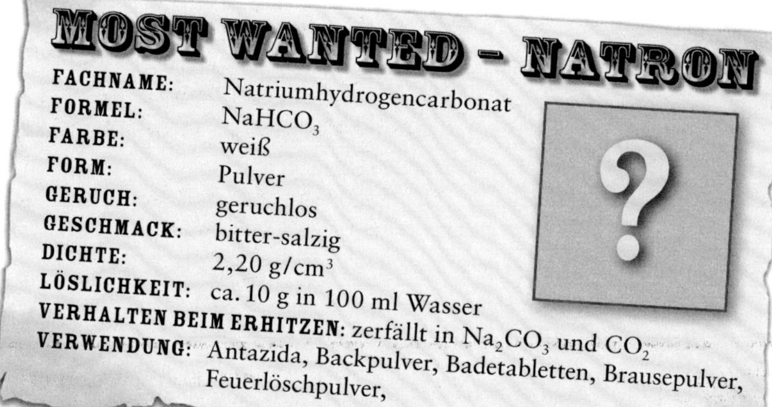

Weitere Hinweise:

- Beim Thema Duftstoffe kann man getränktes Filterpaper auf die Steckbriefe kleben.
- Der Steckbrief wird zur 3D-Collage, wenn kleine Realien aufgeklebt werden.
- Als Rätsel-Variante kann der Name des Stoffes weggelassen werden. Die Schüler müssen anhand der Merkmale erraten, um welchen Stoff es sich handelt.